民國歷史與文化研究

二　編

第 20 冊

京派繪畫研究

倪　葭　著

花木蘭文化出版社

國家圖書館出版品預行編目資料

京派繪畫研究／倪葭 著 -- 初版 -- 新北市：花木蘭文化出版社，
2015〔民 104〕
目 2+144 面；19×26 公分
（民國歷史與文化研究 二編；第 20 冊）
ISBN 978-986-404-288-3（精裝）
1. 畫派 2. 畫論 3. 中國
628.08   104012469

ISBN-978-986-404-288-3

9 789864 042883

民國歷史與文化研究
二 編 第二十冊   ISBN：978-986-404-288-3

京派繪畫研究

作　　者　倪葭
總 編 輯　杜潔祥
副總編輯　楊嘉樂
編　　輯　許郁翎
出　　版　花木蘭文化出版社
社　　長　高小娟
聯絡地址　235 新北市中和區中安街七二號十三樓
　　　　　電話：02-2923-1455／傳眞：02-2923-1452
網　　址　http://www.huamulan.tw 信箱 hml810518@gmail.com
印　　刷　普羅文化出版廣告事業
初　　版　2015 年 9 月
全書字數　68997 字
定　　價　二編 24 冊（精裝）台幣 45,000 元

京派繪畫研究

倪 葭 著

作者簡介

倪葭，女，1977 年生，北京人。2004 年畢業於首都師範大學美術學專業，獲碩士學位。2012 年畢業於中央美術學院美術學專業，獲博士學位。主要從事民國時期京派繪畫研究，先後發表數十篇論文於美術學類期刊，並出版專著一本。現供職於首都博物館，從事藏品保管及研究工作。

提　　要

　　民國時期是中西繪畫競爭激烈，國畫發生變化最劇烈的時代。北京即便是民國政府遷都之後，仍以其深厚的文化積澱吸引著全國眷戀文化藝術的學人和藝術家。筆者以負有畫藝之長者作為此派畫家採納研究的標準，這與當時所固有的觀念似乎相出入。但藝術家的流動、風格的融合正是探討藝術發展的核心問題之一。不論職業畫家、達官賢宦、詞苑通才、湖海名流、林泉遺逸，在京時間長短，或旬日勾留，或經年常駐，或時來時往，蹤跡靡定，無分久暫，兼收並錄。

　　北京作為歷史古都以其深厚的歷史底蘊、豐富的藝術收藏，於 20 世紀初孕育出了與海上畫派、嶺南畫派等南方畫派遙相呼應的「北京畫派」。與「海上畫派」、「嶺南畫派」相比，京派繪畫藝術的主流更為注重繼承傳統，立足於精研古法，並參西法，博採新知，鎔鑄出與「雅俗共賞」的海派和「折衷東西」的嶺南畫派不同的「深研傳統」的京派繪畫藝術。

目次

在京的貢王——貢桑諾爾布

　　貢桑諾爾布不僅是近代史上叱吒風雲的政治人物，也是塞外文壇的一代宗主。他在承襲了卓盟盟長和喀喇沁右旗郡王之後，在本旗進行了一系列改革運動，給閉塞的草原吹來了一股新風。本文旨在通過善耆、陳半丁與關松房為貢桑諾爾布所作的繪畫作品，勾勒出一個晚清民國時期在京的貢王——貢桑諾爾布。

一、緣起

　　燕山出版社編輯的《北京舊聞叢書——古都藝海擷英》中有史樹青先生《蒙古族書畫收藏家貢桑諾爾布》一文，文中描述了一位我國近代史上的開明蒙古族上層人士——貢桑諾爾布。

　　作為民國畫壇的親歷者，史樹青先生回憶「一九二一年由北京一些著名收藏家在中山公園聯合舉辦『書畫金石展覽會』，一九二四年在中山公園聯合舉辦的『江西賑災書畫展覽會』，貢桑諾爾布均有藏品參加。……由於他所見古人書畫名迹甚夥，故所做書畫饒有韻致，花卉氣息淡雅，寥寥數筆，情味盎然。嘗請篆刻家黃石（少牧）為作『世守漠南』、『牖迪蒙疆』二印以寄愛國之思。惜其作品流傳不多，故甚稀見。」〔註1〕短短數語，為我們描繪出一位愛國家、精鑒賞、富收藏、善繪事的貢王形象。目前貢桑諾爾布的作品較為少見，但首都博物館收藏有晚清民國時期的善耆、陳半丁、關松房等人為貢桑諾爾布所做的繪畫作品，作者試圖借助這些作品勾勒出一個晚清民國時

〔註1〕史樹青：《蒙古族書畫收藏家貢桑諾爾布》，《北京舊聞叢書——古都藝海擷英》，燕山出版社 1999 年版，394 頁。

期在京的貢王──貢桑諾爾布。

二、生平

　　貢桑諾爾布（1872〜1931 年〔註 2〕）蒙古族人，姓兀良哈氏，字樂亭，號夔盦。成吉思汗勳臣烏梁海氏者勒篾的第 24 世裔孫。卓索圖盟喀喇沁右旗（今內蒙古赤峰市喀喇沁旗）人，喀喇沁右旗第 13 任扎薩克領親王銜郡王旺都特那木吉勒之子，光緒二十四年（1898 年）襲郡王。民國初年晉升為親王。通蒙、漢、滿、藏文，擅詩文書畫，著有《竹友齋詩集》、《貢樂亭詩集》、《夔盦詩詞集》等。

　　貢桑諾爾布未承襲王位之前，經常進京覲見和值班當差。光緒二十四年（1898 年）旺都特那木吉勒老郡王病故，貢桑諾爾布正式承襲郡王。此後，他進行了一系列改革：大力興辦教育，創辦了「崇正學堂」、「毓正女子學堂」、「守正武備學堂」，並選派人才赴內地和國外深造。清廷命肅親王善耆於光緒二十二年（1906 年）赴北疆蒙古考察，根據《肅親王善耆為考察蒙古並陳管見事奏摺》中對於貢桑諾爾布教育改革的描述「如喀喇沁右旗扎薩克、多羅都楞郡王貢桑諾爾布首開學堂研求武備，自籌鉅款，期開風氣，實為不可多得，曾蒙傳旨嘉獎。名譽所播，鄰旗具瞻，倘於喀喇沁右旗官為設立初等小學，來者必多，又逐漸於鄰近旗分推廣為之，再圖設立中等學堂，循循善誘期於漸化愚蒙。此宜屬之學部亟當經營者。」〔註 3〕，足見貢桑諾爾布教育改革的卓著成效，及對其他鄰旗的影響力。除教育改革外，貢桑諾爾布還廢除依附制度，旗民一律編為平民，遣散王府婢女；改變舊有的以出身為基礎的官吏任免制度，選賢任能；興辦工廠、郵政、報紙。貢桑諾爾布的改革給閉塞的草原吹來了一股新風。貢桑諾爾佈在本旗的改革持續了十餘年時間，1912 年被調進京任蒙藏事務局總裁，並晉封為親王，民國 1931 年逝世於北京府邸。

〔註 2〕關於貢桑諾爾布的生卒年有 1871〜1930 年（1996 年版《赤峰市志》）；1872〜1930 年（1999 年版《赤峰蒙古史》）；1872〜1931 年（《喀啦沁旗志》）。本文中貢桑諾爾布的生卒年依據白拉都格其：《貢桑諾爾布生卒日期考》，《內蒙古社會科學（漢文版）》2002 年第 11 期，46 頁。

〔註 3〕中國第一歷史檔案館：《晚清肅親王善耆考察蒙古史料》，《歷史檔案》2009 年第 4 期，26 頁。

三、姻親與故交──善耆與貢桑諾爾布

善耆等為貢桑諾爾布作字畫扇，圓光扇面，繪山水樹石，以淡墨畫山，乾筆渴墨皴出山石肌理，橫筆濃墨點出山頂礬頭，淡墨畫遠山，重墨寫水草，濃墨寫樹木。款署「庚戌（1910 年）五月九日夔盦主人壽。艾堂善耆。」鈐「偶園」白文印。

善耆（1866～1922 年），愛新覺羅氏，字艾堂，號偶逐亭主人。滿洲鑲白旗人，皇太極子和碩肅親王豪格的八世孫，川島芳子（金璧輝）生父。是清王朝最後一位肅親王，屬清朝八大「世襲罔替」的親王。1922 年卒於旅順。

圖 1　善耆等為貢桑諾爾布作字畫扇（之一）　絹本　徑 20 釐米　首都博物館藏

　　善耆與貢桑諾爾布交情至深，首先是姻親關係，他的三妹善坤爲貢桑諾爾布的福晉，加之「1906 年，他（善耆）曾『奉使東蒙古』，去過赤峰等地。」〔註4〕「1911 年（宣統三年），時任民政大臣的善耆又被調補理藩大臣，處理蒙古事務。」〔註5〕這一切都反映了善耆與東蒙古的封建王公關係密切。善耆也曾爲貢桑諾爾布繪製冊頁，足見二人除了姻親與故交的關係之外，還有書畫藝術的交流。

四、陳半丁與貢桑諾爾布

　　陳半丁（1876～1970 年）浙江紹興人，名年，字靜山，因爲雙生，號半丁。十五歲時就迷上了繪畫，「嗜書畫入骨，飢餓尤不顧也。」1894 年隨表叔吳隱至上海，於嚴信厚〔註6〕家作夥計，拓《七家印譜》。因此有機會接受海上名家吳昌碩的指導。陳半丁在上海的十餘年間，先後還得到了任伯年、蒲華等名家的教誨。1906 年隨金城來京，鬻畫爲生。書畫皆精，兼善摹印。

　　陳半丁 1906 年隨金城來京，但當時排外的北京畫壇使陳半丁感到難於立足，遂返回上海。三年後請吳昌碩在京盤桓數月，將他推介於畫壇，廣交良師益友，由此陳半丁在北京畫壇打開局面。結合首都博物館所藏吳昌碩、陳半丁等人爲貢桑諾爾布合作的書畫冊頁（圖2），可以印證二點：

　　一、「1909 年 2 月，貢桑諾爾布呈請入陸軍貴冑學堂聽講並留京當差。」〔註7〕「1910 年清朝設立資政院，蒙古每盟一名議員。貢王成爲代表卓索圖盟的欽選議員。同年，還隨同科爾沁親王阿穆爾靈圭等駐京蒙古王公，在北京創辦了蒙古實業公司。」〔註8〕1909 至 1910 年貢桑諾爾佈在京除卻公務外，還與當時在京的書畫藝術家多有交流。

　　二、在史樹青先生的回憶文章中提及貢桑諾爾佈在北京的居所太平街王府「爲北京文人、政客宴集之所。著名詩人、畫家如嚴復、梁啓超、余紹宋、三多、錢桐、寶熙、周肇祥、李誁、陳半丁等，皆與之往來，交誼甚厚。」

〔註4〕項小玲：《善耆與〈肅忠親王遺集〉》，《滿族研究》1997 年第 1 期，59 頁。
〔註5〕薛瑞漢：《清末新政時期的善耆與蒙古》，《歷史教學》2004 年第 8 期，12 頁。
〔註6〕嚴信厚，字小舫，慈谿人。工行草，善畫蘆雁。嗜碑帖金石，收藏甚富。有《小長蘆館集帖》。早歲請纓，佐李文忠幕，嗣在滬創興商務，爲實業家，總理上海商務總會。卒年六十九。（《海上墨林》）
〔註7〕寶力格：《貢桑諾爾布思想述評》，《內蒙古社會科學》1988 年第 6 期，76 頁。
〔註8〕白拉都格其：《辛亥革命與貢桑諾爾布》，《清史研究》，2002 年 8 月第 3 期，86 頁。

〔註9〕由此可見，陳半丁到京後與貢桑諾爾布發展爲「交誼甚厚」的畫友，但是何人將陳半丁推介給貢桑諾爾布的？答案也在此文中。「貢桑諾爾布幼年從山東學者丁錦堂受業，通曉漢、蒙、藏、滿文字，尤愛漢族文化藝術，經常赴琉璃廠、地安門外大街文物店收購文物，並赴上海、杭州，訪吳昌碩、李瑞清、曾熙等著名書畫家，相與討論鑒賞收藏及繪畫藝術。」〔註10〕1909 至 1910 年正是陳半丁請吳昌碩與其共返京城，在京盤桓幾個月的時間段〔註11〕，吳昌碩爲提攜陳半丁「爲他介紹京城名家，以畫求師交友」〔註12〕。貢桑諾爾布對吳昌碩仰慕已久，此次吳昌碩親自赴京推介高足，使得貢桑諾爾布對陳半丁另眼看待，而此書畫合作冊頁正可作爲實物證明。

〔註 9〕 史樹青：《蒙古族書畫收藏家貢桑諾爾布》，《北京舊聞叢書——古都藝海擷英》，燕山出版社 1999 年版，394 頁。

〔註10〕 同上。

〔註11〕 「1906 年，正逢而立之年的陳半丁第一次離滬北上赴京，他要以鬻賣書畫爲謀生之計。當時舉目無親，想在京都立足，談何容易！加之地方排外和文人相輕的舊習，使他感到寸步難行。萬般無奈，他只好重返上海。三年後，又請已過花甲之年的吳昌碩爲他北上京城，以畫求師交友，使他與吳觀岱、陳師曾、賀良樸等人成爲良師益友。並由吳昌碩親自代他在琉璃廠的兩家南紙店（其中包括榮寶齋）分別訂了篆刻潤例和書畫筆單。通過京師畫壇同仁的幫助，終於使他在北京書畫界有了一席之地。」普權宗師：《「二樹草堂」堂主陳半丁》，《藝術生活》2001 年第 4 期，13 頁。

〔註12〕 普權宗師：《「二樹草堂」堂主陳半丁》，《藝術生活》2001 年第 4 期，13 頁。

圖 2　陳半丁《鍾馗》（吳昌碩、陳半丁為貢桑諾爾布合作書畫冊頁之一）
　　　絹本　縱 21，橫 20 釐米　首都博物館藏

　　此《畫扇》中的《鍾馗》屬吳昌碩、陳半丁等為貢桑諾爾布合作冊頁中
的一開，圖繪醉臥於石間的鍾馗。畫題「力能除鼠耗，終是讀書人。庚戌（1910
年）重午，仿冬心先生。夔庵主人鈞誨。山陰半丁陳年。」鈐「靜道人」白
文印。又題「南山進士，豐神美，咲容掬，鬚如蝟。平生潦倒，儒巾星冠雲
帔。聞道先生能食鬼。怎而今陶然狂醉。鎮日只醺三。任魑魔崇。千杯消卻
胸中塊。歎浮沉，溷眞僞。花樓風雨紅燈，憑便忘他嬌妹，畢竟神仙多至性，

看撦拄，乾坤雄偉，殘酒鎮惺忪，鬼母人天沸。調寄書夜樂。謹錄夔庵主人詞句。半丁道人燈下又書。」鈐「枯木尊者」白文印。

貢桑諾爾布的父親旺都特那木吉勒郡王是位詩人，撰有《如許齋集》、《公餘集》、《課窗存稿》等詩集。貢桑諾爾布幼年時，其父便爲六歲的貢桑諾爾布請來名儒丁鏡堂爲師。貢桑諾爾布一生詩詞創作頗豐，有《竹友齋詩集》、《貢樂亭詩集》、《夔盦詩詞集》傳世。

此開冊頁錄貢桑諾爾布所作《鍾馗》詞，作者借寫鍾馗沉醉，諷刺現實社會鬼魅恣肆，詞風暢達爽快。從文中可見貢桑諾爾布是一位有著深厚文學修養的至情至性之人。貢桑諾爾布「見宗國之將衰，蒙族之式微，欲挽狂瀾，願作砥柱」〔註 13〕遠大政治理想終因清廷事頹不得實現。他的詩詞創作，前期作品氣勢豪邁、格調高亢；後期作品多爲無可奈何，理想幻滅的寂寥苦悶之語。

五、關松房筆下的貢王肖像

關松房（1901～1982 年）滿族正白旗人，生於北京。原名枯雅爾·恩棣，字雅雲，植耘，號翁齋，筆名松房、夕庵、夕庵主人。

關松房繪《貢桑諾爾布像》紙本立軸，兼工帶寫。圖繪貢桑諾爾布坐於松下石上，著深衣，戴草帽，手持書卷。人物面部以淡墨皴擦出明暗和結構，比例準確，造型生動，黑眼球上留以高光，顯示作者的造型能力和西畫基礎。畫面各處隨類賦彩，設色淡雅。署款「恩棣謹繪。」鈐「恩棣之印」白文印。「翁齋」朱文印。畫上有沈寶熙長題「『蕭然松下坐盤陀，五十年華鬢未皤。身外無邊好風月，眼中不改舊山河。佳賓解作鮮卑語，壯士能爲敕勒歌。詩卷酒杯良自得，陸沉此世意云何。』夔盦賢王玉照。沈堪寶熙書。」鈐「熙」白文印，「沈盦」朱文印。孫桐長題「『謖謖清飆不世情，深衣獨坐擁書城。高寒（刪）閒未異陶家徑，更爲春醪一舉觥。松石韋郎寄古歡，軼群那得竝東丹，請開十尺鵝溪絹，自寫龍沙六月寒。』夔盦主人命題。丙寅（1926 年）四月夏，孫桐。」鈐「孫桐」朱文印。關松房與沈寶熙均未題寫年款，按照沈寶熙畫中所題「五十年華」，此作是貢桑諾爾布五十歲時的「玉照」，則此作繪於 1922 年，孫桐的題跋寫於 1926 年。

〔註 13〕轉引自張艷華：《論貢桑諾爾布詩詞中的愛國主義思想觀》，《作家》2014 年第 4 期，159 頁。

圖 3 關松房《貢桑諾爾布像》 紙本 縱 92，橫 44.6 釐米 首都博物館藏

　　「到一九一二年，貢王四十一歲時袁世凱懷疑他『圖謀不軌』，將他調京任蒙藏事務局總裁，並晉封爲親王，名義上是擢拔重用，實際上是軟禁。進京後，貢王在本旗的改革事業付之東流，蒙藏事務局總裁又是個空頭職位，其宏圖大志無以獲展，心情憂鬱寡歡，直至最後沒有大的作爲。」〔註14〕關松房畫中的貢桑諾爾布著深衣獨坐於松下，手持書卷，看似神態超然物外，實際滿懷無奈惆悵之情。

〔註14〕席永傑：《「旋轉乾坤，只要大刀長斧」──貢桑諾爾布詩詞創作評述》，《民族文學研究》1991年第2期，78頁。

陳半丁梅花畫作簡析

陳半丁繪梅由專師一家轉而廣益多師，呈現由海派至揚州畫派再上溯白陽的脈絡。本文由數幅陳半丁畫梅作品爲切入點，經過作品的介紹點評，辨析陳半丁梅花畫作的構圖佈局、筆墨技法、用色特徵、風格面貌等諸方面規律。

一、生平

陳半丁（1876～1970 年）名年，字靜山，「吳昌碩因其爲孿生子，爲之更名爲『半丁』」〔註 1〕，浙江紹興人。早年家境貧寒，從學徒時期開始接觸繪畫，但苦於無良師指點。在滬時陳半丁先後得到任伯年、吳昌碩等名家的指點。吳昌碩邀陳半丁住到家中，朝夕相伴，使陳半丁的詩文、金石、書畫得以全面發展。1906 年隨金城來京，但當時北京的排外使陳半丁感到難於立足，遂返回上海。三年後陳半丁請吳昌碩在京盤桓數月，廣交良師益友，將他推介於畫壇，由此在北京畫壇打開局面。1915 年入「宣南畫社」；1916 年到北京大學圖書館工作；1920 年入中國畫學研究會，任評議；1923 年任北京大學造型美術研究會中國畫導師。1927 年任中國畫學研究會副會長、北平國立藝專教授。30 年代成爲北京畫壇的核心人物之一。北平淪陷時拒絕日僞政府的聘請。解放後陳半丁歷任全國政協委員、中央文史館館員、中國畫研究會會長、北京畫院副院長等職。

〔註 1〕普權師宗：《「二樹草堂」堂主陳半丁》，《藝術生活》2001 年第 4 期，13 頁。

圖 1　《雙鉤竹圖》　紙本　縱 141，橫 47 釐米　首都博物館藏

　　陳半丁以其高壽見證了近一個世紀中國畫的盛衰起伏，見證了民國北京
畫壇的風雲變幻。他詩書畫印兼擅，繪畫涵蓋山水、花鳥、人物。萬青力在
《南風北漸──民國初年南方國家主導的北京畫壇》一文中歸納「民國初年
的北京畫壇，精英雲集，不同藝術主張、風格傾向彙聚，實際上形成了南風
北漸，南方旅京畫家主導的局面。」陳半丁便是屬於南方籍畫家中的一員。
陳半丁 1928 年所作的《雙鈎竹圖》（圖 1）中畫面落款時仍寫為「山陰陳年時
客燕都。」還有其 1932 年所作的《梅花》扇〔註 2〕題寫「壬申夏五月錦雲仁
兄屬寫，半丁陳年時客燕市。」而 1928 年距其初次來京闖蕩畫壇已過去了二
十餘年。

二、畫梅作品與風格辨析

　　清末花鳥畫壇習花卉者，多學習惲南田、青藤、白陽、揚州八怪，至趙
之謙以金石書畫之趣作花卉，開前海派先河；任伯年將八大、陳淳、徐渭的
寫意法與惲格的沒骨法相融合，筆墨簡逸，色彩明麗；吳缶廬初師撝叔、伯
年，參以青藤、八大，以金石篆籀之學出之，使清末花鳥畫得一新趨向，成
為後海派領袖。陳半丁的青年時期在滬上求學，磨煉畫藝，海上畫風對其的
影響，終其一生。觀其梅花畫作可見從最初專習海派，後體味金農、華嵒、
揚州八怪到追摹陳淳，經過追根溯源式的學習，陳半丁似乎體會到了海派的
源頭，這與海派中的很多先輩畫家從揚州畫派中吸取畫法成就和創新精神而
加以變通的道路相似。

〔註 2〕《梅花》扇圖版詳見朱京生所著《中國名畫家全集──陳半丁》，河北教育出
　　　　版社 2002 年版，95 頁。

圖2　《花卉四條屏》（之一）　紙本　縱 83.4，橫 32.5 釐米 首都博物館藏

　　《花卉四條屏》（之一）的紅梅，梅枝從畫面一側向上伸展，枝梢相互穿插，有升枝有垂枝，枝幹以乾筆濃淡墨篆籀筆意寫出，重墨橫筆點苔。淡墨勾勒偃仰開闔的花瓣，深淺紅色敷染花頭，濃墨勾心點蕊。畫面一側上題「冷花只合冷人看，雪骨冰魂時年寒。縱有臙脂痕不著，盡教春色工毫端。半丁陳年。」鈐「山陰陳年」白文印。從畫面中可見吳昌碩對其影響。吳昌碩畫梅往往一枝直上，必有一枝回折呼應，畫面跌宕，有石鼓文結體之妙。而陳半丁的《梅花圖軸》雖不似吳昌碩梅花直上與回折並置之式，但是細觀升枝與垂枝的佈局安排，即避免梅花主枝單純縱上之勢的單調，又對畫面主枝的豎向線條進行反向的補充，向上伸展的線條與向下倒垂的線條造成牽制，使畫面主次分明，於平和中略顯奇峭。全圖得梅花古逸倔強之態，又不顯得過於虯曲怪異。

圖 3 　《畫扇》　絹本 首都博物館藏

　　此《畫扇》中的梅花是爲貢桑諾爾布合作冊頁中的一開，屬毓麟、俞邊、陳半丁合繪白、紅、綠梅。白梅下題「毓麟寫墨梅。」紅梅下題「紅梅俞邊寫。」綠梅下題「陳年補綠梅。」扇頁下部題「庚戌（1910 年）仲冬小集古槐軒，爲夔庵主人〔註 3〕合作。汝澡謹記。」圓光畫面空間雖小，但內容豐富。白、紅、綠梅分爲三個層次，白梅繁密，紅梅濃烈，綠梅疏冷。首先爲畫面中一叢斜插於圓光中的白梅，濃烈的紅梅橫亙於白梅之後。陳半丁畫倒枝疏花綠梅。綠梅以淡赭畫枝幹，濃赭點苔，青綠色畫梅花，濃墨畫花蕊。「在上海，19 歲的陳半丁經過友人蒲作英介紹，拜識了 55 歲的任伯年，並得到他的指導和幫助。已負盛名的任伯年，以他的白描人物和花卉構圖授予半丁。」〔註 4〕此合作畫中的綠梅雖僅寥寥數枝，但沒骨梅花水分和色彩調和得宜，屬於學習任伯年清雅、簡逸的沒骨一路。

〔註 3〕貢桑諾爾布（1871～1930），字樂亭，號夔盦。通蒙、漢、滿、藏文，擅詩文書畫，著有《竹友齋詩集》。他是卓索圖盟喀喇沁右旗人，世襲貴族。1898 年，襲扎薩克郡王（民國初年晉升爲親王）。

〔註 4〕普權師宗：《「二樹草堂」堂主陳半丁》，《藝術生活》2001 年第 4 期，13 頁。

圖 4　《紅梅圖軸》　紙本　縱 66.4，橫 33.5 釐米 首都博物館藏

　　《紅梅圖軸》繪紛繁紅梅，梅幹從畫面一側斜伸入畫面，向上舒展生長。上題「玉簫起處暗驚神，曲緩瑤臺逸韻真。泉石幾年雲冷鶴，關山萬里月愁人。香凝老樹調風味，影落寒窗枕隙塵。檀板金樽久岑寂，微吟不減昔時春。己巳（1929年）春日。半丁陳年寫於京華。」鈐「半丁」朱文印，「陳年」白文印。

　　此作顯現對金農梅花畫法的學習與變通。金農繪梅多以水墨、較少賦彩，構圖以奇絕之勢先給觀者以震撼，梅枝以淡墨篆隸筆意寫出，濃墨橫筆錯落點苔，梅花以淡墨細筆圈花頭。陳半丁《紅梅圖軸》中側伸的梅枝在進入畫面中心後呈扇面形展開，梅花枝、梢在全圖中伸展成為一個穩定的三角形。梅幹以重墨寫、橫筆點苔，花朵以細筆淡墨圈出，淡紅敷染，花心、蕊萼以赭色圈、點，花朵前後掩映，顧盼生姿，梅枝虬曲盤桓，穿插有致。全圖用筆流暢，氣脈貫通。梅枝、梅花用筆似金農，雖變金農淡墨寫乾為濃墨寫乾，但深具金農梅花瘦而不枯、細而不弱的率意古拙之氣。

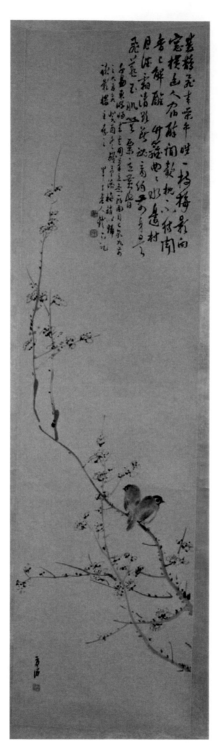

圖 5　《白梅雙鵲圖軸》　紙本　縱 129.5，橫 33 釐米　首都博物館藏

　　《白梅雙鵲圖軸》繪白梅雙鵲，狹長的紙面上，梅花主枝蜿蜒轉爲發枝，主枝中心位置停憩雙鵲。主枝下方另一發枝與主枝形成「破」勢，主輔梅枝穿插成「女」字造型。淡墨畫梅枝，線條彎曲如龍，行筆過程中，中鋒、側鋒轉換使用，即避免長線條過於均勻柔滑的單調感，又符合梅花生長中生成坑窪結疤的自然規律。雙鵲一正一背，鵲頭、喙以濃墨畫，肩羽，飛翎、尾羽以濕筆淡墨畫，胸腹以乾筆淡墨勾勒，濃墨畫爪，鳥背部用淡赭色敷染。「萬木凍欲折」之時梅花迎春早發，瘦枝似鐵，疏花清妍，春寒料峭時節雙鵲緊收羽翼，瑟瑟發抖，似在依偎取暖，舒展的梅花與蜷曲的雙鵲形成放與收、鬆與緊的對比。上題「雙鵲飛來噪午晴，一枝梅影向窗橫。幽人宿醉閒敧枕，不待聞香已解醒。竹籬曲曲水邊村，月淡霜清欲斷魂。商約前身是飛燕，玉肌無粟立黃昏。子易東遊歸來，其用筆立意一改面目，已不爲前之大方矣。癸酉（1933 年）冬殘，予添梅稍，以歸諫影樓主存之。半丁老人燈下記。」鈐「陳年之印」白文印「陳半丁」朱文印。

　　此白梅圖取法新羅山人，構圖類似於新羅山人簡潔的折枝式佈局，新羅山人作畫「其筆姿靈巧得『遲』字訣，墨法靈變得『韻』字功」〔註5〕。此作筆法「遲澀鬆脫」，眾所週知，越是簡潔的章法佈局越是考驗作畫者的筆墨功力。飽經錘鍊、推敲的筆墨才能支撐起簡潔的畫面佈局，增加畫面的觀賞性與意趣，耐人尋味。

〔註 5〕賀天健：《華秋岳繪畫風格、理法的評述》，《華嵒研究》，上海書畫出版社 2003 年版，第 7 頁。

圖6　《紅梅圖軸》　紙本　縱94.8，橫29.3釐米 首都博物館藏

　　《紅梅圖軸》以沒骨法繪江梅。梅枝斜伸入畫面中，斜伸主枝在進入畫面中心後轉為屈曲蜿蜒的「S」型升勢，從枝依主枝態勢生長。上題「不待春風偏，煙林獨早開。淺紅欺醉粉，肯信有江梅。半丁老人。」鈐「陳半丁之印」、「半丁老人」白文印。「江梅」在范成大的《范村梅譜》中即有記載「江梅。遺核野生，不經栽接者。又名直腳梅，或謂之野梅。凡山間水濱，荒寒清絕之趣。皆此本也。花稍小而疏瘦有韻，香最清，實小而硬。」〔註6〕此《紅梅圖軸》骨法與墨法並重，以筆頭沾濃墨，筆腹用赭色，將赭、墨稍加調整，側鋒入筆，行筆頓挫轉折，在近梅頂端時轉為中鋒。這樣畫出的主枝色墨交融，即體現了梅枝的虬曲粗糙的質感，又似乎帶有一定的光感。淺紅醉粉點丟花瓣，淡綠色畫花心、剔鬚、點蕊。胭脂色點花蒂，淡綠色點葉片，濃墨勾葉筋、點苔。畫面中梅花以盛放為多，半開或蓓蕾較少，加之淡綠色的葉片，暗示此梅已進入花期尾聲，早春的寒意即將退去。全圖以灰色、淺紅為主色調，輔以花蕊和葉片的小面積綠色，即清新雅致，又色彩豐富。全圖變金石派的古拙厚重為儒雅清癯。從梅枝造型和用筆的頓挫可窺見對汪士慎梅花的取法。

　　此外，陳半丁1935年所作《花卉四條屏》〔註7〕中梅花一幅，與其餘三幅面貌明顯不同，其餘三幅擬白陽山人筆意，畫面內容豐富，色彩熱烈。而梅花一幅純以水墨，用金冬心法為之。1940年所作《梅花松竹圖》〔註8〕採取典型的直上與回折並置的吳昌碩構圖方式，但不斤斤計較於枝梢與梅花接合點的鬆脫的用筆方式，強調了梅花枝條氣勢的貫通，明顯又出自金冬心，只是枝梢墨色更為滋潤。1949年所作《花卉四條屏》〔註9〕中《歲寒三友》一幅完全是白陽山人梅花的造型和筆墨。

　　通過上述繪梅作品的分析，可以梳理出陳半丁梅花的構圖、技法、用色及風格特徵。

　　1、構圖：

　　陳半丁所繪梅花，梅枝多作「同向二木並舉之式」，而較少奇絕和過於複

〔註6〕范成大：《范村梅譜》，《范成大筆記六種》，中華書局2002年版，254頁。

〔註7〕《花卉四條屏》圖版詳見朱京生所著《中國名畫家全集——陳半丁》，河北教育出版社2002年版，137頁。

〔註8〕《梅花竹石圖》圖版詳見朱京生所著《中國名畫家全集——陳半丁》，河北教育出版社2002年版，103頁。

〔註9〕《花卉四條屏》圖版詳見朱京生所著《中國名畫家全集——陳半丁》，河北教育出版社2002年版，103頁。

雜的構圖。文章中討論的 5 幅梅花圖，除圖 3 因屬於合作畫外，圖 2、4、5、6 均爲陳半丁獨立創作。圖 2、5 梅枝從畫面右側斜伸入畫面中心，圖 4、6 從畫面左側斜伸入畫面，均爲一長一短，一粗一細，以長者爲主體，短者爲輔助。兩枝主次分明，顧盼呼應。梅枝上的梢、梗依勢生發。在大量升枝的布置安排中略有倒枝。梢梗前後穿插、縱橫錯落、長短粗細、疏密聚散、安排得宜，產生跌宕起伏的韻動感。在構圖中平中見奇，拙中藏巧。

2、筆墨技法

筆墨技巧的運用和發揮是產生畫面藝術效果的關鍵。梅枝多採用沒骨法。畫梅要體現如鐵戟般的瘦硬枝條，而忌線條平滑光潔，用筆軟弱無力。陳半丁的梅花無論是吳缶廬式、金冬心式、抑或是華新羅式，均行筆穩健並使筆在手中輾轉變換，抑揚頓挫，即貼合梅枝「曲若弓彎，轉如曲肘」的生長態勢，又透露出畫家書法、篆刻方面的深刻功力。在此深厚的筆力之上營造出梅花偃仰覆從、高低錯落的老枝新梢，形成重疊穿插、先後遮擋的空間感。

3、色彩特徵

陳半丁的梅花有雙鈎設色、雙鈎留白和點染三種面貌。除卻臘梅，設色的梅花（紅梅、綠梅）在敷色時均得一「水」字。他的紅梅不使用熱烈的紅色，而是用以水調和的深淺紅色敷染、點丟，淺紅醉粉的梅花因純度降低與水墨梅枝統一於灰色調中，體現梅花的幽香清癯之姿。唐鄭谷《梅》詩曾歌詠：「素豔照尊桃莫比，孤香黏袖李須饒。」通過「豔」桃與「素」梅的對比，突出梅花「素色」和「幽香」兩大特徵。陳半丁晚年所作花卉作品中的天竺、月季、牡丹、桃李仍使用純度高的鮮豔熱烈的紅色，筆者推測陳半丁在畫梅用色上與其他紅色系花卉相區別，似乎藉此避免因使用「豔若桃李」的鮮紅而使梅花混同於庸凡的花卉，以統攝於灰色調中的紅色，來強調梅花的絕世獨立、寂寞清高的品性。

4、風格簡析

「北京確爲五四運動新文化之策源地，而在美術上爲最封建、最頑固之壁壘。四十年來，嚴格言之，頗少足述者；因其於新藝術之開展，殊少關係也。」〔註 10〕徐悲鴻在《四十年來北京繪畫述略》一文中表達了對「暮氣深

〔註 10〕徐悲鴻：《四十年來北京繪畫述略》《四十年來之北京》子曰社 1950 年版，第

深」的北京美術界的不滿，此觀點在現在看來，有失偏頗，但確實北京與上海、杭州等其他城市相比，仍屬於傳統牢固的地區。換言之民國時期的北京畫壇最顯著特徵是「傳統」。陳半丁幼年即喜繪畫，但苦於無師承而不得法，自 19 歲得識任伯年，並由任伯年引薦投入吳昌碩門下，至其而立之年來京，真正爲北京畫壇所接受。是北京得天獨厚的條件成就了陳半丁的繪畫藝術。中國第一所由政府設立、直接管理的博物館——古物陳列所出現於民國二年（1913 年），將原藏熱河、奉天所藏文物移至京城，故宮博物院開幕於民國十四年（1925 年）。宮廷秘藏的各種文物，內府庋藏，故家遺物，翰墨遺珍得以被世人珍賞，民國時期的國畫家接觸古人名迹，眼界得闊，陳半丁隨著畫名漸隆，也開始個人收藏。陳半丁一生臨古不倦，由專師一家轉爲廣益多師，就總體來看，不論山水、花鳥、人物，雖呈現很多佳作，但仍是在深研古人的基礎上，在已有圈子內的創新。其繪梅所臨習的對象由海派——揚州畫派——白陽的脈絡與清末至民國的花鳥畫壇的時代選擇是吻合的。陳半丁沒有被北京原有正統畫風所束縛，而是因籍貫故里和成長習畫的背景，並因書畫印兼擅的成就，於畫作中總是會不自覺地流露出金石畫風的影響。

5、文化內涵

　　梅花作爲畫家所熱衷描繪的一種花木，並不是簡單的個人偏好，而是一種文化現象。清人查禮曾說：「繪畫之事，文人筆墨中一節耳，能與不能，精與不精，固無足重輕，……余性好畫梅，梅於眾卉中清介孤潔之花也，人苟與梅相反，則愧負此花多矣，詎能得其神理氣格乎？」〔註 11〕參考著錄文獻和傳世畫作，畫梅名家名作比比皆是。爲什麼朝代更迭，社會變化，而畫人繪梅的熱情一如既往？梅花背後的隱逸內涵是它始終受到青睞的原因，蘇軾曾歎「詩老不知梅格在，更看綠葉與青枝。」〔註 12〕蘇軾站在「梅格」的高度統攝梅花的「形態」與「神韻」。此「梅格」理念爲後世詠梅、畫梅藝術提供了富於啓迪意義的審美範式。畫家因對「梅格」的崇敬，對隱逸的嚮往，繼續著繪梅的歷程，並且在繪梅過程中不斷更新繪畫的筆墨技法、章法佈局，

---

　　57 頁。

〔註11〕 查禮：《題畫梅》，俞劍華：《中國畫論類編》，人民美術出版社，1986 年版，第 1162 頁。

〔註12〕 蘇軾《紅梅三首》其一「怕愁貪睡獨開遲，自恐冰容不入時。故作小紅桃杏色，尚餘孤瘦雪霜姿。寒心未肯隨春態，酒暈無端上玉肌。詩老不知梅格在，更看綠葉與青枝。」

力求新意。

　　啓功先生在《回憶陳半丁先生》一文中追憶陳半丁作畫的嚴謹，「以花卉爲例，菊花葉是怎長的，梅花枝幹是怎麼生的，都合乎它們的生長規律。凡那些『筆不到處』往往已經『意到』。」〔註13〕陳半丁繪梅由臨仿吳昌碩、金農、汪士愼、華嵒、陳淳等名家入手，因遍習名家，所以技藝精能，面貌多樣，物理與物趣相融。但陳半丁因籍貫故里和成長習畫經歷和時代背景的影響，其梅花畫作時風影響和師法痕迹較爲明顯。

〔註13〕啓功《回憶陳半丁先生》，轉引自《陳半丁稽評》，《中國書畫》2006 年第 3 期，第 28 頁。

水墨丹青——
愛新覺羅氏溥字輩昆仲畫作賞析

　　清王朝自入主中原，宗室成員日漸漢化，清朝列帝對書畫藝術的熱情極大地影響著宗室成員，充盈的內府收藏爲他們習書學畫提供了便利條件。皇室中善畫者不乏其人，如允禧、弘昤、永瑢、載瀅、溥伒、溥侗、溥儒、溥佐等。辛亥革命後，天潢貴胄昔日的榮耀和特權一去不復返，很多宗室成員不得不以鬻畫、授課爲生，在當時的北京畫壇遜清宗室中以載字輩、溥字輩最爲活躍，在藝壇他們的影響力不盡相同。原來只在禁中才可得見的宗室書畫出現於廠肆，使得普通民眾得窺宗室書畫的廬山眞面目。

　　在眾多宗室書畫家中以溥儒的名頭最響，藝術號召力最強，當時已有「南張北溥」之譽。每位藝術大師都不是「橫空出世」的，他們的藝術不會是「無源之水、無本之木」，從溥儒的畫作中可窺見家學影響和兄弟間的相互借鑒。本文旨在介紹溥字輩中的善畫者及畫作，便於讀者全方位瞭解溥氏昆仲繪畫藝術面貌及關聯性。

圖 1　溥侗《山水卷》（局部）　紙本　縱 23.5 橫 46 釐米　首都博物館藏

　　溥侗（1871～1952 年），載治五子。字後齋（一作厚齋），號西園，別署紅豆館主。精音樂，工戲曲。論書，能寫行、楷、隸、篆；論畫能畫蘭竹。抗戰期間在滬賣字。曾在清華大學、女子文理學院、北平美術學校執教。著有《繪境軒讀畫記》、《工餘談藝》。

　　《山水卷》，紙本設色，繪水邊送別場景。畫面左側近景處爲坡石樹木，於樹叢掩映中，可見林屋內似在宴飲。林屋周邊鬱鬱蔥蔥的竹林，暗示了屋內宴飲者「不可居無竹」的文人身份。屋外兩個下人在牽馬等待，屋外江岸邊，離江岸較遠的兩人似在交談，另兩人立於岸邊，指點江面。畫面中景是蜿蜒水面，中景處一條山溪從山中緩緩匯流入江中，江面水光瀲灩。遠景爲用花青色直接染就的連綿群山。款署「乙未（1895 年）四月十日劭予〔註 1〕師傅乞假歸省，因作此圖，以誌別懷。溥侗。」鈐「侗」朱文印。手捲畫幅不長，在拖尾有高庚恩、弈謨、載澤、載潤、溥侗、葆初、張百熙、陸寶忠多人長題。

〔註 1〕張仁黼（公元 1848～1908 年），字少玉、劭予，號孟藻，河南固始人。光緒
　　　　二年中進士，初任大理寺卿、順天府尹，後又任兵部、學部、吏部、法部侍
　　　　郎等職。工書法，是晚清著名的書法家。

圖 2　溥佺　《畫扇》　紙本　徑 45 釐米　首都博物館藏

　　溥佺（1893～1966 年）載瀅長子，封固山貝子。號雪齋，南石、琴徒、松風主人，別署怡清堂、松風草堂。年甫逾冠，已有畫名，善操琴。曾參與校理清宮所藏書畫。辛亥革命後，鬻畫為生。被輔仁大學美術專修科聘為主任，「學生聞溥名，投考者極踴躍。」〔註 2〕解放後，曾任中國畫院（現北京畫院）畫師，書法研究會會長，古琴研究會會長。文革期間，投水自盡。繪畫精於山水，作品畫風細膩、格調秀逸高雅。溥佺與溥僴、溥佺、溥佐被稱為「一門四傑」。

　　溥佺《畫扇》，紙本設色，僅以白粉染河中飲水白馬，工寫結合。以南宗小斧劈皴法畫山石水岸。濃墨勾勒樹木。白馬以淡墨暈染，白粉罩染，墨色細筆絲毛。白馬造型準確、體態生動、骨肉均勻、身形矯健，暈染立體感強，溥佺繼承家學，研習傳統，並注重寫生，鞍馬取法於清代宮廷院畫進而追溯宋元。溥佺的祖父惇親王、父多羅貝勒載瀅均善繪畫，載瀅以畫馬著名。

<hr />

〔註 2〕《湖社月刊》四六冊（影印版），天津古籍出版社 2005 年版，總 762 頁。

圖 3　《近人畫冊》（之溥伒所繪之一開）　紙本　縱 16.3 橫 22.8 釐米
　　　　首都博物館藏

　　《近人畫冊》中溥伒所作之一開，紙本水墨，繪松樹、山石、溪水、蘭
草。全圖畫眼爲溪水的水口，小溪呈「之」字形，自遠處蜿蜒流出，佔據畫
面中心的下部。溪水岸邊怪石矗立、蘭草叢生，古松見根不見頂。全畫以濕
筆濃淡墨寫就，怪石、樹皮、坡岸渴筆皴擦，松針、蘭草的線條頗見功力。
畫面中心上方題「千花萬卉僅榮豔，未必敢與此草爭高名。子雅仁兄大法家
正。溥伒。」鈐「伒」白文印。

圖 4　溥儒《落日平岡圖》　紙本　縱 10.9 橫 85.7 釐米 首都博物館藏

　　溥儒（1896～1963 年）載瀅次子。字心畬，號西川逸士、羲皇上人、松
巢、舊王孫、岳道人、釣鯨魚父、華（花）虹、流浪王孫等，室名省心齋、

寒玉堂、二樂軒。少即聰穎，所作詩文，每驚耆宿。宣統二年（1910 年）入
貴胄法政學堂〔註3〕。1912 年，奉親隱居於北京西山戒臺寺，過了十餘年與
世無爭的歲月。後於北京師範大學及北平藝術專門學校教書。1949 年赴臺。
著有《四書經義集證》、《毛詩經義集證》、《爾雅釋言》、《寒玉堂論畫》、《寒
玉堂文集》、《寒玉堂論書》、《凝碧餘音詞集》、《華林雲葉》、《慈訓纂證》、《六
書辯證》、《陶文考略》、《千字文注釋》、《碧湖集》等書。溥儒經史詩詞、書
法造詣深厚，繪畫風格獨樹一幟，山水、人物、花鳥、鞍馬皆精。

　　《落日平岡圖》繪紅日西墜僅留餘暉的平遠景致。畫面取三角形構圖，
近景有兩處山體，一側人煙密集，山頂平臺上有廟宇，山腳土坡處蓋有房屋，
中景為寂靜的江面，遠景為平緩的山峰。山石勾皴結合，略施淡赭及花青，
遠山之後以淡淡的紅色烘染。上題「落日照平岡，西風振長阪。茅屋隱君居，
目送飛鴻遠。此十餘年前舊作也，子才仁兄得之，屬為補題，本不足存而存
之者，蓋重故人之意也。溥儒。」鈐「溥儒」白文印，「心畬」朱文印。

圖 5　溥儒《江村秋暮圖》　紙本　縱 25.2 橫 116.5 釐米　首都博物館藏

　　《江村秋暮圖》與《落日平岡圖》佈局相似，繪平遠景致，畫面佈局疏
密有致，山巒疊嶂高低錯落，屋宇人迹散落其間。近景處一莊院建於危峰下，
兩峰夾持中殿宇隱現，危峰平臺之上還建有一茅亭，兩山以坡岸上的小橋相
互聯結，幾個文士裝扮的人物點綴其中。中景為高地錯落的群山和空寂的水
面。遠景為直接以色染就的緩峰。峰巒勾皴融解鎖與折帶於一體，施以淡赭
及花青。畫中之樹施以青、紅兩色，點扣「秋」題。上題「浦漵炊煙孤起，
溪橋舊板歆斜，行盡江村日暮，疏林黃葉誰家。丁亥（1937 年）春月子才先
生屬。心畬。」鈐「舊王孫」朱文印，「溥儒」白文印。

圖 6 溥儒《羅漢圖》（局部） 紙本 縱 23.8 橫 383.2 釐米 首都博物館藏

　　《羅漢圖》以白描法繪姿態各異的羅漢，畫風工整細緻。人物面部、手部基本採用鐵線描，衣紋以蓴菜描、折蘆描。細筆勾皴山石、樹木，卷末自題：「地湧神龍雨，天垂靈鷲雲。虛空無一物，何處見聲聞。溥儒畫並題贊。」鈐「溥儒之印」白文印、「心畬」朱文印。

圖 7　溥佺《山水字扇》　徑 48 釐米　首都博物館藏

　　溥佺（1913～1991 年），載瀛六子。字松窗，以字行，筆名雪溪、堯仙、健齋。幼即臨摹其父載瀛所繪鞍馬。1928 年入松風畫會，拜關松房爲師，學畫山水。1936 年入中國畫學研究會，並被聘爲輔仁大學美術系講師。兼任北平國立藝專講師、教授，北京大學美術補習班教授。新中國成立後，任中央文史研究館館員，北京畫院畫師，其畫作承繼傳統，功力深厚，風格典雅，畫風清逸，題材廣泛，尤擅長鞍馬、花鳥、山水等。

　　《山水字扇》，黑底，一面繪金碧山水，一面節錄李固《遺黃瓊書》。山水以泥金、石青和紅、白四色畫就，金色爲主色。近景爲竹屋，從弔腳樓式的房屋結構，可以看出是建造於水中的屋宇，水面不勾水紋，僅以一葉小舟暗示水面的寂靜。扇面構圖飽滿、內容豐富、技法多樣。以石綠直寫竹葉，以泥金寫松針和樹幹，以圈葉法畫雜樹，以粉紅色點寫紅葉樹。泥金鈎染屋宇、小舟、山廓、石紋、坡腳，豎筆點寫遠山雜樹、灌木，全畫以白粉點苔。款署「六姊大人四旬正壽，溥佺謹祝。時丁丑（1937 年）四月七日也。」鈐「松窗」朱文印。

圖 8　溥佺《馬扇》　徑 50 釐米　首都博物館藏

　　《馬扇》金箋本，墨筆繪群馬。群馬或臥或立，或回首或前視，各具姿態。畫面正中是一匹黑馬，吸引觀者視線。畫法兼工帶寫，雖其款署中寫道是參考李公麟的鞍馬畫法，但從中又顯示出其寫生功底和西畫技法與傳統鞍馬畫法的融合。款署「龍脊貼連錢，銀蹄白踏煙。無人織錦韂，誰爲鑄金鞭。臘月草根甜，天街雪似鹽。未知口硬軟，先擬蒺藜銜。擬龍眠山人畫法。溥佺。」鈐「溥佺長壽」白文印，「松窗」朱文印。

圖 9 溥僩、溥佳等合作字畫扇（溥僩局部） 首都博物館藏

溥僩（1901～1966 年），載瀛五子。號毅齋，精於花鳥，繪畫宗宋元，並參以西法。風格細膩典雅，設色「喜親手研製調和，且不用宿墨。」〔註 4〕

〔註 4〕朱浩雲：《清宗室後裔「四溥」的藝術及作品市場行情》，榮寶齋 2003 年第 5 期，231 頁。

　　溥僩繪兩株牡丹，花頭以淡墨勾勒花瓣，濃墨提勒線條，重墨點蕊。沒骨法畫葉片，淡墨表葉背，重墨勾勒葉筋；濃墨表葉面，赭墨勾勒葉筋。款署「亮生三兄姻大人雅正。溥僩。」鈐「毅齋」朱文印，「溥僩印信」白文印。

圖 10　溥僩、溥佳等合作字畫扇（溥佳局部）　首都博物館藏

溥佳（1908～1949 年），載濤之子。載濤善畫鞍馬。溥佳爲溥儀的英語伴讀。

溥佳繪彩蝶花卉，上方花枝下一雙彩蝶翩翩起舞，另有一隻蝴蝶停憩於畫面下方的荊棘枝上。溥佳以沒骨法畫花卉，豔紅染花瓣，淡綠寫葉片，胭脂點花托，深綠勾葉筋，赭石寫花枝。花枝下，飛舞蝴蝶以淡墨暈染翅膀圖案，赭石提勒蝴蝶觸鬚、細腳。畫面下方的石頭以濃淡墨和赭石側鋒畫出，花青點苔。中鋒寫出荊棘枝。停駐蝴蝶以色暈染翅膀圖案，赭石提勒蝴蝶觸角、細腳及花紋。款署「亮生三兄姻大人正，溥佳。」鈐「溥佳之印」白文印。

愛新覺羅氏作爲統治中國的最後一個皇室，其家族書畫是中國傳統書畫藝術的重要組成部分。在書畫展覽和藝術品市場上，不少清宗室後裔畫家的作品屢有出現，這批愛新覺羅溥字輩的藝術家，自小接受了良好的傳統教育，藝術修養頗高。呈現出詞賦和書畫的全方位素養。繪畫上，兼善山水、花鳥、人物、鞍馬諸題材；技法全面；因身份的關係，畫風多受南宗正派（溥儒另有文詳述）和清宮廷院畫影響，恪守傳統，筆墨精微，雍容華貴。

「舊王孫」溥儒以書畫享有大名，與他所接受的文學藝術傳統教育和承授的豐富家藏密不可分，並因其「先天本富」〔註 5〕，於書畫方面的「天資、膽量和腕力」〔註 6〕，博採眾家之長，融會貫通，形成個人風格。不僅僅關注於某一、兩個畫壇大師自傳性的、單一軸向的研究，而將燦若星辰的大師還原到當時的生活氛圍、家族背景和時代星空下，考量其藝術語言的選擇，風格的形成，很多問題的答案就「不言而喻」了。

〔註 5〕啓功：《溥心畬先生南渡前的藝術生涯》，《新美域》2005 年第 2 期，61 頁。
〔註 6〕同上。

溥儒粗筆山水畫簡析

　　20 世紀的北京畫壇，溥儒繪畫風格獨樹一幟。他習畫由臨仿「四王」入手，而後「始習南宗，後習北宗」，遍學諸家打通南北，樹立起鮮明的個人藝術風格。溥儒的山水畫面貌多樣，畫法以北宗小斧劈皴和由南宗演化而來的細筆披麻、解索皴最為大眾熟悉，此外另有一種粗筆山水，本文側重分析此種粗筆山水畫的圖式特徵和筆墨技法等問題。

一、習畫經歷

　　溥儒（1896～1963 年）字心畬，號西山逸士、羲皇上人、松巢、舊王孫、岳道人、釣鯨魚父、華（花）虹、流浪王孫等，室名省心齋、寒玉堂、二樂軒。載瀅次子。少即聰穎，所作詩文，每驚耆宿。宣統二年（1910 年）入貴胄法政學堂〔註1〕。1912 年，奉親隱居於北京西山戒臺寺，過了十餘年樂在琴書、與世無爭的歲月。三十歲入「松風畫會」正式以畫家的身份出現。後於北京師範大學及北平藝術專門學校教書。1949 年赴臺。著有《四書經義集證》、《毛詩經義集證》、《爾雅釋言》、《寒玉堂論畫》、《寒玉堂文集》、《寒玉堂論書》、《凝碧餘音詞集》、《華林雲葉》、《慈訓纂證》、《六書辯證》、《陶文考略》、《千字文注釋》、《碧湖集》等書。

　　溥儒四歲習字，十四歲習顏、柳大楷與篆隸，在北京戒臺寺隱居其間習畫，他自己曾說：「余居馬鞍山〔註2〕始習畫。余性喜文藻，於治經之外，雖學作古文，而多喜作駢麗之文。駢麗近畫，故又喜畫。當時家藏唐宋名畫尚有數卷，日夕臨摹，兼習六法十二忌及論畫之書；又喜遊山水，觀山川晦明變化之狀，以書法用筆為之，逐漸學步。時山居與世若隔，故無師承，亦無

〔註1〕貴胄法政學堂，前身為貴胄陸軍學堂，後併入清河大學。
〔註2〕京西 30 里的群山中，有一座山峰形似馬鞍，故名馬鞍山。其山麓間坐落著慧聚寺，俗稱戒臺寺。

畫友，習之甚力，進境極遲；漸通其道，悟其理蘊，逐覺信筆所及，無往不可。」〔註3〕由此可見，溥儒最初習畫主要宗法「四王」。

圖1　《秋山圖》　紙本　縱90.7，橫44 釐米　首都博物館藏

〔註 3〕轉引自邵天：《溥儒與戒臺寺》，《紫禁城》1996 年第 3 期，44 頁。

　　《秋山圖》為溥儒隱居馬鞍山時期的畫作，對於釐清溥儒始習畫時間十分重要。圖繪深山內叢樹屋宇，近景處為坡石雜樹，叢樹掩映下幾座林屋。樹葉有的已被西風吹落；有的已經變紅；有的猶自蒼翠，以此點出「一葉知秋」的季節主題。雨後林中水汽彌漫，近景與中景間用氤氳霧靄隔開。遠景為巍峨群山。坡石、山巒用淡墨勾勒輪廓，濕筆披麻皴和橫筆皴，豎筆重墨點苔。樹木枝幹雙鉤，樹葉有的作夾葉，有的直接作介字或橫筆點。林屋以墨筆直接勾勒。淡赭色敷染樹木枝幹、屋宇，以淺淺的朱砂色和淡花青色敷染樹葉，遠山用色直接染就。放眼望去一派雨後夕陽西下的清幽林景。款署「風起西窗掃落桐，清幽無過是山中。愛看雨霧雲晴後，畫出斜陽築樹紅。心畬。」鈐「省心齋」朱文印。又題「此僕壬子（1912）始隱居馬鞍山戒臺寺讀書時，初習作畫所作，詩亦當時題也。時年十七，今已三十四年。此紙敝暗如是世事遷易，而僕學無進益，良堪愧矣。子才仁兄得之，屬志岸略。丙戌（1946）春三月。溥儒。」鈐「溥儒」白文印。

　　此作中溥儒以勾斫之筆塑造山體如石刻的堅凝輪廓，皴皺使用淡墨披麻皴和王時敏式的橫筆皴。溥儒隱居西山時日夕觀摩北方的真山真水，當提筆作畫時，溥儒既想尊重客觀現實，又被「婁東派」的技法所囿，石之崢嶸被「婁東派」的皴皺之法所削弱。《秋山圖》題詩似是學習米芾草書，書法的起筆、轉折方硬有力，但整體略顯稚嫩，筆劃連帶關係處理生硬。

圖 2 　《夏山圖》　紙本　縱 27.2，橫 19.2 釐米　首都博物館藏

　　《夏山圖》繪山石樹木林屋。以淡墨勾勒山體結構，淡墨渴筆皴擦山體質感，雙鈎樹幹，樹葉有圈葉、點葉兩種。山石略染赭石、花青。上題「門對寒流夏木清，微茫時見片雲行。峰頭孤月看猶落，誰共滄浪賦濯纓。癸未（1943 年）春日，寺中〔註4〕偶撿舊畫，見此舊作題奉子才仁兄惠鑒。溥儒。」鈐「心畬」朱文印。

　　此圖山石「但累圓石，似爲雁行」的堆砌之感尤爲明顯。山石皴皺似在學習王原祁晚年乾筆渴墨的風格，以虛筆藏鋒，淡墨乾筆，層層皴擦，使山石結構模糊，疲軟無力。

　　晚清的北京畫壇，山水主要延續「四王」遺韻。溥儒幼年學畫以「四王」入手，這與他所處的時代和皇族的身份是吻合的，隨著學畫的深入，他感到「初學四王，後知四王少含蓄，筆多偏鋒，遂學董、巨、劉松年、馬、夏，用篆籀之筆。始習南宗，後習北宗，然後始畫人物、鞍馬、翎毛、花竹……」〔註5〕從中可見，溥儒所要摒棄的是「四王」少含蓄多偏鋒的用筆，並未談及對「四王」山水圖式的取捨問題。隨著溥儒臨仿對象上溯至宋元，其風格逐漸形成，因此「始習南宗，後習北宗」，遍學諸家打通南北，樹立起鮮明的個人藝術特色。但是溥儒幼年研習「四王」的經歷，在他的藝術生涯中打下了烙印，在不經意間，「四王」式的筆墨圖式還是會從其畫作中有所流露。從《秋山圖》的初創時間 1912 年到再次題記的 1946 年，「世事遷易」，中國社會發生了翻天覆地的變化。而溥儒的繪畫也由臨仿而進入自創風格的摸索時期。此時期溥儒的山水畫形成了多種面貌，一種是北宗風格的山水，淺絳、水墨兼而有之，構圖多取雄偉的崇山峻嶺，皴法多用小斧劈；另一種由董源、黃公望、王蒙等南宗山水演化而來，以南宗筆法繪北方山水，皴法多披麻、解索，山上多礬頭；此外另有一種粗筆山水，此類作品正是本文討論的重點。

二、畫作介紹

圖 3　《暮雲歸舟圖》　紙本　縱 93.4，橫 30.6 釐米　首都博物館藏

　　《暮雲歸舟圖》以水墨為主，僅在樹、石部位略施赭色。畫面採用「一河兩岸式」平遠構圖，近景處繪坡石雜樹，遠景孤峰叢樹，中隔寂靜湖水，漁人乘舟。款署「乙亥（1935 年）三月，心畬」。鈐「溥儒」白文印。

圖 4　《江峰秋氣圖》　紙本　縱 96.2，橫 31.2 釐米　首都博物館藏

　　《江峰秋氣圖》與《暮雲歸舟圖》相比，「一河兩岸式」構圖更爲繁複，近景處繪坡石雜樹，遠景爲高低起伏的峰巒，中隔湖水，淡墨繪水紋。坡岸、峰巒以蒼綠染就，最遠處的依稀山影以淡赭直接塗抹，近景處高樹，一綠一赭。上題五言詩「澗水鳴山館，疏林接釣臺。高風茅舍在，秋氣大江來。雁外斜陽遠，鷗邊霽色開。晨朝采薇蕨，應向白雲限。子才先生兩教，溥儒」。鈐「舊王孫」朱文印、「溥儒」白文印。

圖 5　《秋林落暉圖》〔註6〕　紙本　縱 88.5，橫 32.5 釐米

〔註 6〕圖版詳見王彬：《中國名畫家全集——溥心畬》，《秋林落暉》30 頁。

　　《秋林落暉圖》近景處繪坡石雜樹，遠景爲高低起伏的峰巒，中隔湖水，
層層水波。上題「疎樹明秋色，遙山多落暉。新吾先生正。溥儒。」《秋林落
暉圖》與《江峰秋氣圖》相似度極高。《江峰秋氣圖》似站於高出，向下眺望。
而《秋林落暉圖》中的作者似乎已經來到近景處的坡岸高樹之下，由坡岸處
仰望山頂。

圖 6　　《秋水斜照圖》〔註7〕　紙本　縱 36.5，橫 69.5 釐米

　　《秋水斜照圖》描繪了風中的慘淡秋景。近景處小橋連接兩岸；，一文
人策杖行於橋上，坡岸上樹木屋宇，近景中的高樹被秋風吹得枝葉搖擺。中
景爲平靜的水面，既無波瀾也無小舟，遠景處山脈綿延，雜樹蓊鬱。上題「秋
水明斜照，秋霜已滿林。夜多麋鹿迹，此地合抽簪。公望先生教。溥儒。」
鈐「舊王孫」朱文印。

圖 7　　《落日平岡圖》　紙本　縱 10.9，橫 85.7 釐米　首都博物館藏

<hr />

〔註 7〕圖版詳見王彬：《中國名畫家全集——溥心畬》，《秋水斜照》24 頁。

《落日平岡圖》繪平遠景致。畫面取三角形構圖，近景有兩處山體，起首處人煙密集，山頂平臺上有廟宇，山腳土坡上蓋有房屋，中景為寂靜的江面，遠景為平緩的山峰。遠山之後以淡淡的紅色烘染，紅日西墜，僅留餘暉。山石勾皴結合，略施淡赭及花青。上題「落日照平岡，西風振長阪。茅屋隱君居，目送飛鴻遠。此十餘年前舊作也，子才仁兄得之，屬為補題，本不足存而存之者，蓋重故人之意也。溥儒。」鈐「溥儒」白文印，「心畬」朱文印。

三、風格簡析

每一位畫家都是慘淡經營，以求凝煉出富於鮮明個人風格的圖式特徵和筆墨技法，這種「程序化」的圖式和筆墨成為其藝術創作中的規範，籍此營造物象，展示個性。為鎔鑄出山水畫新風，溥儒日夕臨摹家藏名畫，研習六法和歷代畫論，並觀山川晦明變化之狀。如此多方取法的結果是畫風變化多樣，目前可見的溥儒山水畫以細筆為多，畫法以小斧劈皴為多，披麻、解索皴也不在少數。但本文中的《暮雲歸舟圖》、《江峰秋氣圖》、《秋林落暉圖》、《秋水斜照圖》和《落日平岡圖卷》，用筆粗株大葉，似一氣呵成，以粗獷鬆活的筆墨描繪山水，與溥儒的細筆山水畫風格迴異；本文姑且將此類山水稱為粗筆山水。與其細筆山水相比，此類粗筆山水似乎傳達出更濃鬱的文人氣息。下面著重分析溥儒粗筆山水的圖式特徵、筆墨技法、來源出處等問題。

（一）圖式特徵

溥儒粗筆山水目前未見尺幅巨大的作品，適度的尺幅便於濕筆迅急揮灑，勾皴結合，呈現筆酣墨飽、酣暢淋漓的畫面效果，達到氣韻貫通的境界，而「氣脈貫通」是此類粗筆山水的核心。

在章法佈局上，均採用平遠構圖，除《落日平岡圖卷》因屬手卷形制，採用三角形構圖外，《暮雲歸舟圖》和《江峰秋氣圖》屬於典型的「一河兩岸式」，而《秋林落暉圖》和《秋水斜照圖》則屬於「一河兩岸式」的變體。《秋林落暉圖》中畫家似乎已經來到近景處的坡岸高樹之下，由坡岸處仰望山頂，坡岸高樹對水面形成遮擋，因此水面無法在畫面中形成分隔兩岸的效果，而呈現夾於兩岸間的三角形狹小塊面。《秋水斜照圖》的構圖匠心獨具，因為畫面尺幅的關係而採取橫構圖，將兩岸的坡岸、山麓拉長，對水面形成合圍之勢。

圖8　王原祁山水畫山體圖式局部（《會心大癡圖軸》（左）《山水卷》（右））

圖9　溥儒山水畫山體圖式局部（《江峰秋氣圖》（左）《秋林落暉圖》（中）
　　　《落日平岡圖》（右））

　　溥儒幼年習畫由「四王」入手的問題，從其早年的《秋山圖》和《夏山
圖》均採用「婁東派」的筆墨技法上可以看出，溥儒對王原祁的風格用功最
深。到其草創粗筆山水時，不知是有意為之還是無心插柳，在此類粗筆山水
的山石結體上依稀隱現出王原祁山水畫中山脈丘壑的造型形式。圖8「王原祁
山水畫山體圖式局部」分別截取自王原祁的《會心大癡圖軸》和《山水圖卷》，
此種山體圖式為兩座雄渾高聳主峰中夾以細碎山頭積聚而成的峰巒，由此形
成主峰與峰巒之間主與賓、大與小、整與碎、少與多、高與低等多重對比。
將圖8「王原祁山水畫山體圖式局部」與圖9「溥儒山水畫山體圖式局部」進
行比較，相似之處顯而易見。不光圖式相似，而且在畫面中的位置也是如出
一轍。

圖 10　王原祁和溥儒立軸山體圖式比較
　　　　王原祁《會心大癡圖軸》（左）　溥儒《江峰秋氣圖》（中）
　　　　溥儒《秋林落暉圖》（右）

圖 11　王原祁和溥儒手卷山體圖式比較
王原祁《山水卷》（上）　溥儒《落日平岡圖》（下）

　　在王原祁、溥儒的立軸中，此種山體圖式均位於遠景的中心位置（圖 10）；在手卷中則都安置在畫卷起首的地方（圖 11），包括山巒的造型頗多相同點，而且手卷中山峰與平臺，平臺與廟宇的佈局安排也有近似之處。

　　王原祁在《雨窗漫筆》中將王石谷首創的「龍脈」說發揚光大。何謂「龍脈」？王原祁對此進行了具體闡釋：「畫中龍脈，開闔起伏。古法雖備，未經標出。石谷闡明，後學知所衿式。然愚意以爲不參體用二字，學者終無入手處。龍脈爲畫中氣勢源頭，有斜有正，有渾有碎，有斷有續，有隱有現，謂之體也。開闔從高至下，賓主歷然，有時結聚，有時澹蕩，峰回路轉，雲合水分，俱從此出。起伏由近及遠，嚮背分明，有時高聳，有時平修，欹側照應，山頭、山腹、山足銖兩悉稱者，謂之用也。若知有龍脈，而不辨開闔起伏，必至拘索失勢。知有開闔起伏，而不本龍脈，是謂顧子失母。故強扭龍脈則生病，開闔逼塞淺露則生病，起伏呆重漏缺則生病。且通幅有開闔，分股中亦有開闔。通幅有起伏，分股中亦有起伏。尤妙在過接映帶間，制其有餘，補其不足，使龍（原文此處脫「脈」字）之斜正、混碎、隱現、斷續、活潑潑地於其中，方爲眞畫。如能從此參透，則小塊積成大塊焉，有不臻妙境者乎！」〔註 8〕由此可見，王

<hr />

〔註 8〕王原祁：《雨窗漫筆》，王伯敏、任道斌主編《畫學集成（明、清）》，河北美
　　　術出版社，395 頁。

原祁將龍脈定義爲以氣勢爲體，以開闔起伏爲用的妙境。意在筆先、凝神靜氣、胸有成竹地營造出合於斜正、渾碎、斷續、隱現之體的氣勢輪廓；悉備高下、賓主、結散、轉折、雲水、遠近、嚮背、高低、欹側之法的開闔起伏，則淋漓盡致的天然妙景自出。所謂「氣勢輪廓」就是畫面的整體效果，而「開闔起伏」是圖中的佈局安排。而溥儒正是將王原祁畫中山體的氣勢輪廓和佈局安排移植到自己的粗筆山水中，是對王石谷、王原祁「龍脈」說的直接繼承。

（二）筆墨技法

1、山之皴皺與筆墨

「從氣勢而定位置」之後便需「從位置而加皴染」，溥儒粗筆山水畫雖借鑒了王原祁的山體圖式，但在筆墨技法上卻另闢蹊徑，追求於一筆之中，顯輕重起伏、陰陽明晦的畫面效果〔註9〕。溥儒用筆變化奔騰，以爽利濕筆運折帶皴、披麻皴、短條皴，勾、皴轉變靈活，渾然合一，線條單純而富於彈性。筆者認爲溥儒由南宗中醞釀出粗筆山水的筆墨技法，溥儒的粗筆山水與「粗沈」頗多相通之處。

〔註9〕溥儒在《寒玉堂畫論》中談到「畫山先輪廓而後皴皺，此常法也。至於崎嶇犖確，突兀崢嶸，熊罷陞降，龍跳虎臥之形，筆必變化奔騰，橫飛直下，先於一筆之中，有起伏輕重，定爲陰陽，辨其明晦。」 溥儒：《寒玉堂論畫》，《寒玉堂詩集》，新世界出版社1994年版，162頁。

圖 12　沈周、溥儒山水皴法局部比對
　　　（沈周《仿倪雲林山水》（上）與溥儒《落日平岡圖》（下））

　　《仿倪雲林山水》平遠構圖，景致簡略，境界開闊。手卷右部近景處繪土坡岸角雜樹，中景爲湖心群島，島上殿宇佛塔矗立，遠景爲逶迤群山，水面清寂，不著水紋。山體坡度平緩，類於董巨「饅頭山」體勢。上題「知迂的是荊關手，聊復從迂寫素秋。莫道西山無爽氣，我於東野和低頭。長洲沈周畫並題。」下鈐「啓南」朱文印。《仿倪雲林山水》屬仿倪風格的「粗沈」作品。畫面構圖變倪瓚式的「一河兩岸式」構圖爲平遠開闊的近、中、遠景，境界開闊。山石用淡墨勾勒輪廓，皴法以淡墨濕筆短條皴、披麻皴、折帶皴爲主，下筆沉厚短促，濃墨隨意點苔。全圖坡岸、山體輪廓線條整飭，筆墨洗練質樸，淡墨勾、皴與濃墨點苔相間，墨色層次豐富，頗具南方山水空濛深秀之致。

　　李日華《六研齋筆記》中論述粗沈風格「石田繪事，初得法於父、叔，於諸家無不爛熳。中年以子久爲宗，晚乃醉心梅道人，酣肆融洽，雜梅老眞迹中，有不復能辨者。」〔註 10〕當沈周摹仿倪瓚的技法作畫時，他的老師趙

〔註10〕李日華《六研齋筆記》，《文淵閣四庫全書》，867 冊，490〜491 頁。

同魯認爲他「過矣」〔註11〕，沈周不是亦步亦趨地學習倪雲林，而是化倪瓚的荒寒空寂爲「粗沈」的疏簡豪邁，「粗沈」以粗獷的簡括之法（皴法來自於董源、黃公望、倪瓚，濕筆重墨勾皴結合的方式來自吳鎮），表現渾厚蓊鬱的南方山水，發散出「逸筆草草」自娛式的文人氣息。疏朗的構圖，強硬有力的用筆，斫拂式的粗拙皴法，規整的線條，滋潤的墨色正是「粗沈」的風格追求。

溥儒《落日平岡圖》採用露鋒短條皴、披麻皴，勾、皴、擦相結合，比「粗沈」的皴法更爲短小精悍、簡單利落。關於筆法，溥儒認爲用筆重「活」，「活者，謂使轉迅速，頓挫不定，無遲滯板刻之病。」〔註12〕《落日平岡圖》用筆中鋒帶側，行筆迅急鬆活，墨色酣暢淋漓，雖於《寒玉堂畫論》中未見關於沈周的論述，但此種畫山筆法頗具「粗沈」的筆墨精髓。

在筆與墨的關係中，溥儒認爲「形出於筆，墨麗於形，故筆健而神全，墨工而體備。」〔註13〕爲了力糾「四王」筆墨含混少含蓄的弊病，溥儒的此類粗筆山水更偏重於筆法，他在《寒玉堂畫論》中甚至發出了「與其無筆，不如無墨」〔註14〕的呼聲。

2、符號化的樹法

〔註11〕 董其昌曾説「沈石田每作迂翁畫，其師趙同魯見輒呼之曰『又過矣！又過矣！』蓋迂翁妙處實不可學，啓南力勝於韻，故相去猶隔一塵也。」 董其昌《容臺別集》卷六頁四十六，轉引自張子寧《董其昌論「吳門畫派」》《吳門畫派研究》，紫禁城出版，1993年版，145頁。

〔註12〕 溥儒：《寒玉堂論畫》，《寒玉堂詩集》，新世界出版社1994年版，197頁。

〔註13〕 溥儒：《寒玉堂論畫》，《寒玉堂詩集》，新世界出版社1994年版，159頁。

〔註14〕 關於筆墨關係問題，溥儒曾寫道「《易》曰：介於石。石堅物也。故以爲象：石有鋒棱，用筆亦必有鋒棱，然後乃見石之堅剛。土石相雜之山，則剛柔之筆互用。若但漬染，皴法不明，是謂有墨無筆；筆謂石之鋒棱，墨謂深淺之色。有墨無筆，如對石屏，但有山河之影；有筆無墨，如石刻峰巒，不見晦明之妙。與其無筆，不如無墨。」 溥儒：《寒玉堂論畫》，《寒玉堂詩集》，新世界出版社1994年版，164頁。

圖13　沈周《仿大癡山水圖》　　　王原祁《會心大癡圖軸》

　　以山爲骨，以土爲膚的峰巒，必輔以草木、雲霞，方顯蔥蘢滃鬱之氣。
而畫樹之法〔註15〕，則需依據樹木在畫面中的遠近位置，以樹映襯山之高峻，

〔註15〕關於畫樹之法，溥儒曾寫道「山以石爲骨，以土爲膚，以草木爲衣冠，以雲
　　　　霞爲文章。既寫峰巒之狀矣，再於嶺表岩際，作秋林雜樹，有蔥蘢滃鬱之氣，

不可有違物理。關於遠景中的雜樹，溥儒認爲「寫遠樹，只遠觀似樹，皆點綴以成形。……畫遠岸小松雜樹，或圓點、或平點、貴參差以取勢；有時斜點，寫風勢也。」〔註 16〕描畫厥類繁複的叢林雜樹，需據「其葉之形狀以寫之」。董源的雜樹用點取圓葉造型，黃公望的雜樹以深淺墨色多層次橫點，沈周《仿大癡山水圖》和王原祁《會心大癡圖軸》中仍是延續黃公望式的多層次墨色橫筆點葉之法，但在王原祁自創的一幅《山水卷》（詳見附表 1《樹法比對》）中，王麓臺已將大癡多層次墨色橫筆點葉的雜樹畫法加以簡化，成爲筆筆之間富有間隔的參差橫點，墨色也相對更加單純，不再追求貼近現實中枝條樹葉四面環生的效果，演化成爲畫面中的平鋪布列的符號化雜樹。

溥儒的雜樹之法與南宗一脈相承（詳見附表 1《樹法比對》），但似乎更接近經過王原祁簡化後的符號化雜樹，枝幹或雙勾或單筆，以中鋒直寫，主幹之上不繪小枝，樹冠以橫筆平點，得遠樹「直動之勢」〔註 17〕。符號化的樹法更適合粗筆山水的簡括風格。

四、小結

溥儒的粗筆山水源自南宗，通過對南宗諸家深研，從表現對象、佈局構圖到筆墨技法逐漸形成自家面目。在表現對象上，手卷和冊頁中的山型仍延續南宗「饅頭山」的形態，而立軸類作品中將南宗慣於表現的植被豐茂，坡度平緩的「饅頭山」加以變形拉長，演化爲一種適應縱向構圖需要的山型，這種理想化的山型融南山的蒼潤秀美和北山的峭拔崢嶸於一體；在佈局章法上，景致簡練，構圖多取平遠式或是直接採用「一河兩岸式」；在筆墨技法上，適度的尺幅便於以粗獷的筆墨迅急揮灑，皴法因地而變，使用粗拙有力的短條皴、披麻皴和折帶皴〔註 18〕，勾皴結合，用筆爽利迅急，墨色豐富滋潤，

然必審辨其樹之遠近小大，與山之宜。今作數尺之山，數寸之樹，嫌於樹高而山低也；則必使山遠而樹近。古人畫山上之樹，惟以點綴成形，不作枝幹，望之若千林萬木，則山之高峻可見矣。古人畫樹幹於岩壑之間，必先審其遠近，其遠處不可以大樹者，則點綴以成形；近觀無一筆似樹，而樹勢愈深。若不察物理，任筆圖之，非草非木，不知何物。使山無高峻之勢，樹無渾厚之氣，雖太華千仞，與靈壁拳石何以異哉？」　溥儒：《寒玉堂論畫》，《寒玉堂詩集》，新世界出版社 1994 年版，162～163 頁。

〔註 16〕溥儒：《寒玉堂論畫》，《寒玉堂詩集》，新世界出版社 1994 年版，170 頁。
〔註 17〕王彬：《溥心畬談藝錄》，河南美術出版社 2001 版，15 頁。
〔註 18〕「山之皴法，其名數十……折帶披麻，則山雜土石。」溥儒：《寒玉堂論畫》，《寒玉堂詩集》，新世界出版社 1994 年版，163～164 頁。

全畫一氣呵成，氣脈貫通。

　　溥儒深研傳統，經過他的融匯演化，傳統山水新意立顯。對於溥儒的細筆山水，已有眾多專家學者進行分析介紹，而此種粗筆山水作爲其繪畫發展歷程中的一種面貌，頗爲值得進行深入研究。

附表 1　樹法比對

時代	作者	作品	信息	圖例
五代	董源	《瀟湘圖卷》	故宮博物院藏 絹本 50×141.4 釐米 《中國歷代繪畫——故宮博物院藏品集Ⅰ》	
元	黃公望	《富春大嶺圖》	南京博物院藏 紙本 74×36 釐米 《中國美術分類全集——中國繪畫全集 元 1》圖版九六	
	吳鎮	《中山圖》	臺北故宮博物院藏 紙本 26.4×90.7 釐米 《中國美術分類全集——中國繪畫全集 元 1》圖版一二〇	

明	沈周	《仿大癡山水圖》	上海博物館藏 紙本 115.5×48.5 釐米 《中華書畫家》 2013 年第 8 期	
清	王時敏	《夏山圖軸》	首都博物館藏 綾本 132×60 釐 米 《北京文物精粹 大系——繪畫 卷》圖版 93	
	王原祁	《山水卷》	首都博物館藏 紙本 30×377 釐米	
民國	溥儒	《落日平岡圖》	首都博物館藏 紙本 10.9×85.7 釐 米	

		《江村秋暮圖》	首都博物館藏 紙本 25.2×116.5 釐米	

再談「南張北溥」

一、緣起

　　現今很多文章將張大千與齊白石並稱爲「南張北齊」，且這一稱呼愈叫愈響，並言之鑿鑿「南張北齊」起源於上世紀 30 年代。偶讀鄧雲鄉先生的《談南張北溥》一文，原來此種張冠李戴的誤會早已有之。「實際『南張北齊』的說法是從來沒有的。大千居士原籍四川內江，白石老人原籍湖南湘潭，從籍貫上說，都是南方，雖然白石老人後來一直住在北京，但仍然是南方人，不能稱『北』。而當年最流行的說法是『南張北溥』，即南面張大千，北方溥心畬。」〔註1〕葉淺予也曾撰文《關於張大千》，談到「南張北溥之說是指 20 世紀 30 年代中國山水畫的兩大傑出畫家。南張是張大千，北溥是溥心畬。」〔註2〕

　　天子腳下，五方雜陳，北京作爲遼、金、元、明、清的首都，即便是民國政府遷都之後，仍以其深厚的文化積澱吸引著全國眷戀文化藝術的學人和藝術家。北京人口流動十分頻繁，沒有現在所謂「北京人」的感念，很多外省人，在北京居住了幾代人，他們的後裔仍稱自己的籍貫是外省，而不會說自己是北京人。「當時管北京人叫『本京人』，另外還有叫『旗人』」〔註3〕。

〔註1〕鄧雲鄉：《談南張北溥》，《北京舊聞叢書——古都藝海擷英》，燕山出版社 1999 年版，382 頁。

〔註2〕葉淺予：《關於張大千》，《中國現代十大名畫家畫集——張大千》，工藝美術出版社 2003 年版。

〔註3〕鄧雲鄉：《代序》，《鄧雲鄉集——宣南秉燭譚》，河北教育出版社 2004 年版，7 頁。

很多當時外省畫家來京發展多年後依然在畫中款題「時客京華」，將北京作爲客居所在。如陳半丁在 1928 年所作的《雙鉤竹圖》中畫面落款時仍寫爲「山陰陳年時客燕都。」還有其 1932 年所作的《梅花》扇〔註4〕題寫「壬申夏五月錦雲仁兄屬寫，半丁陳年時客燕市。」而 1928 年距其初次來京闖蕩畫壇已過去了二十餘年。所以按照當時人的觀點，齊白石不會被稱爲「北齊」。

二、張大千、溥心畬的交集與交遊

關於張大千與溥心畬的初識有兩種說法：一種是 1926 年張目寒（張大千族弟）在京邀請張大千、張善孖、溥心畬等人餐敘〔註5〕；另一種是 1928 年，張大千經陳散原介紹，與溥心畬在萃錦園寒玉堂相識〔註6〕。張大千自與溥心畬相識後常與友人談及溥王孫的詩書畫三絕，對溥心畬的畫藝推崇備至，他曾說「我山水畫畫不過溥心畬，中國當代有兩個半畫家，一個是溥心畬，一個是吳湖帆，半個是謝稚柳，另半個是謝稚柳的哥哥，已故去的謝玉岑。」〔註7〕而時人對張大千此說頗爲認同，黃濬在讚揚溥心畬的繪畫時談到「今日江以南，恐捨大千湖帆外，無能過之矣。」〔註8〕

「1934 年至 1936 年，張大千曾在北平有 5 次畫展。他在北平其間，與傅增湘、周肇祥、溥儒、溥忻、于非闇、齊白石、俞陛雲、成多祿、陳半丁、徐鼐霖、陳寶琛共 12 人，互相輪流作東，舉行聚餐雅會，每逢星期天一次。席間上下古今，琴棋書畫，無所不談。有時飯後興至，揮筆題詩作畫，午夜始散。」〔註9〕

張大千曾萌生過遷居北平的念頭，於 1936 年在府右街羅賢胡同 16 號購得一四合院，並通過溥儒租住在頤和園的聽鸝館，溥心畬那時也在頤和園居住，啓功先生在《溥心畬先生南渡前的藝術生涯》一文中回憶了 1933 年（癸酉年）在寒玉堂中南張北溥合畫的一次盛會，大約三個小時的時間內兩位大

〔註4〕《梅花》扇圖版詳見朱京生所著《中國名畫家全集——陳半丁》，河北教育出版社 2002 年版，第 95 頁。

〔註5〕「1926 年春，張目寒在京具柬邀請張大千、張善孖、溥心畬等人餐敘。此爲『南張北溥』會面之始。"詳見王彬：《中國名畫家全集——溥心畬》，河北教育出版社 2003 年版，194 頁。

〔註6〕一生：《話說南張北溥》，《金屬世界》2002 年第 2 期，24 頁。

〔註7〕轉引自尹躍奇：《溥心畬張大千京華相見成知音》，《世紀》1996 年 1 月，59 頁。

〔註8〕黃濬：《花隨人聖庵摭憶》，上海古籍出版社 1983 年版，171 頁。

〔註9〕王振中：《張大千三十年代在北平》，《文史雜誌》1990 年第 2 期，2 頁。

師就合作了幾十幅作品及多個扇面〔註10〕。這當是「南張北溥」最盛的時期。但是世事難料，「七·七事變」後，作為藝術界名人的張大千受到日偽的威逼利誘，無奈之下以赴滬辦畫展為名，得以脫身。

　　現藏於首都博物館的幾幅張大千的畫作中均有溥心畬的題字，足以證明二人對於彼此藝術的惺惺相惜之情。

〔註10〕在啓功的《溥心畬先生南渡前的藝術生涯》一文中談到了南張北溥的一次合作盛會「張大千先生來到溥心畬先生家中作客，兩位大師見面並無多少談話，心畬先生開了一個箱子，裏邊都是自己的作品，請張先生選取。記得大千先生拿了一張沒有布景的駱駝，心畬先生當時題寫上款，還寫了什麼題記我不記得了。一張大書案，二位各坐一邊，旁邊放著許多張單幅的冊頁紙。只見二位各取了一張，隨手畫去。眞有趣，二位同樣好似不加思索地運筆如飛。一張紙上或畫一樹一石，或畫一花一鳥，相互把這種半成品擲回給對方。大約不到三個多小時，就畫了幾十張。這中間還給我們這幾個侍立在旁邊的青年畫了幾個扇面。我得到大千先生畫的一個黃山景物的扇面，當時心畬先生即在背後寫了一首五言律詩，保存多少年，可惜已失於一旦了。那些已完成或半成品的冊頁，二位分手時各分一半，隨後補完或題款。這是我生平受到最大最奇的一次教導，使我茅塞頓開。」

圖1　張大千《青綠山水》　紙本　縱112，橫61.7釐米 首都博物館藏

此幅用石濤山石、樹木筆法糅合青綠沒骨法爲之。上題「石濤和尙金陵懷古冊子中有此題曰：紫氣滿鍾山。予小變其法，以青綠出之。似又另是一番境界。蜀人張大千畫記。」鈐「張爰印」白文印，「大千居士」朱文印。又有溥儒題「行盡崎嶇路萬盤，滿山空翠濕衣寒。松風澗水天然調，抱得琴來不用彈。木葉驚風丹策策，溪流過雨玉淙淙。晚來添得斜陽好，一片秋光落紙窗。心畬題大千佳迹。」鈐「溥儒」朱文印。

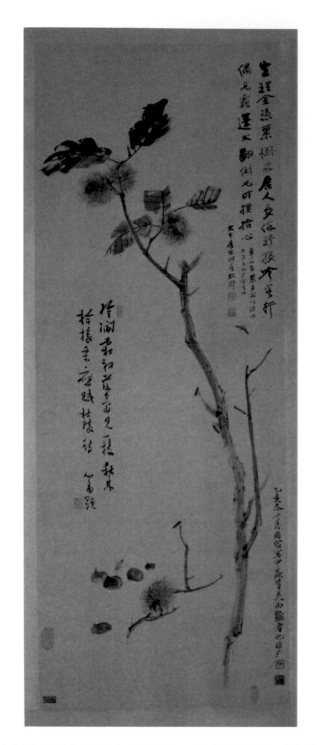

圖 2　張大千《張大千等合作花卉》　紙本　縱 111，橫 42.5 釐米
首都博物館藏

設色花卉，繪栗枝、栗子、草蟲。重墨乾筆雙勾栗枝，淡墨皴染枝幹；濃淡墨濕筆鋪寫栗子葉，焦墨勾葉筋；乾筆渴墨與濃淡墨濕筆互用，勾寫栗子外殼。細筆草蟲，紅、綠色敷染昆蟲翅、背，乾筆淡墨勾寫昆蟲鬚、腳。畫面的紅、綠甲蟲為水墨為主的畫面中增添了生趣和亮色。圖上方張大千題寫「生理全憑栗樹林，居人長伴野猿吟。客行偶見霜蓬大，翻倒兒時撲拾心。華山有栗子林，以陳仲仁法〔註11〕與非廠合寫此。大千居士時客故都。」鈐「張爰」朱文印，「大千大利」白文印。此題下方有于非廠款識「乙亥（1935年）冬十月雨窗寫甲蟲，皆美而豔者也。非廠。」鈐「照」朱文印，「于非廠」白文印，「非廠大千合作」白文印。畫面另一側有溥儒題詩「冷澗霜初落，空山見一枝。秋來拾橡栗，應賦杜陵詩。心畬題。」鈐「溥儒之印」白文印。此圖張大千繪橡栗，于非廠畫甲蟲。張大千自題以陳仲仁法繪，陳仲仁繼承黃筌的畫法，以寫生見長，此幅作品寫實功力深厚。

三、「南張北溥」之稱的由來及其他

于非闇在 1934 年 9 月 15 日的《北晨畫刊》上撰文正式提出了「南張北溥」的說法「自有才藝的人們，他的個性特別強，所以表現他這特強的個性，除去他那特有的學問藝術之外，他的面貌⋯⋯乃至於他的裝束，都可以表現他那特強的個性。張八爺是寫狀野逸的，溥二爺是圖繪華貴的。論入手，二爺高於八爺；論風流，八爺未必不如二爺。『南張北溥』在晚近的畫壇上，似乎比『南張北崔』『南湯北戴』還要高一點兒。不知二爺、八爺以為如何？」〔註12〕鄧雲鄉對二人的評價可謂貼切，「張有似王漁洋，以風神、韻味勝；溥有似袁子才、王靜安，以性靈、境界勝。」〔註13〕溥儒生於 1896 年，張大千生於 1899，二人年歲相仿（因生年而論），但是因出身階層、社會背景、習藝經歷及個性使然，二人的藝術風格截然不同。

溥儒四歲習字，十四歲習顏、柳大楷與篆隸，在北京戒臺寺隱居期間習畫，其繪藝始自臨摹，並有寫生，但無師承，他自己曾說：「余居馬鞍山始習畫。余性喜文藻，於治經之外，雖學作古文，而多喜作駢麗之文。駢麗近畫，

〔註11〕陳仲仁，元代江右（今江西）人，官至陽城主簿。善山水、人物、花鳥，與趙孟頫論畫法，孟頫多所不及。

〔註12〕轉引自薛良：《張大千與于非闇的交遊》，《榮寶齋》2014 年第 2 期，253 頁。

〔註13〕鄧雲鄉：《「舊王孫」書畫》，《鄧雲鄉集——宣南秉燭譚》，河北教育出版社2004 年版，209 頁。

故又喜畫。當時家藏唐宋名畫尚有數卷，日夕臨摹，兼習六法十二忌及論畫之書；又喜遊山水，觀山川晦明變化之狀，以書法用筆爲之，逐漸學步。時山居與世若隔，故無師承，亦無畫友，習之甚力，進境極遲；漸通其道，悟其理蘊，逐覺信筆所及，無往不可。」〔註14〕隨著學畫的深入他感到「初學四王，後知四王少含蓄，筆多偏鋒，遂學董、巨、劉松年、馬、夏，用篆籀之筆。始習南宗，後習北宗，然後始畫人物、鞍馬、翎毛、花竹……」〔註15〕溥儒因家藏歷代書畫名迹頗豐得以深研傳統，臨仿對象由「四王」上溯至宋元，因此「始習南宗，後習北宗」，遍學諸家，打通南北，樹立起鮮明的個人藝術風格，且山水、人物、鞍馬皆精。民國初年是北平畫壇最盛的時期，那時眾多畫家會聚於此，人材濟濟，各體具備。黃濬在《花隨人聖庵摭憶》中寫道「舊京畫史，予所記者，庚子後，以姜穎生、林畏廬兩先生爲巨擘。大雄山民，純學耕煙，蒼勁密蔚。補柳翁則師田叔，問學大小米。……民國三四年間，武進陶寶泉殊有名，至五六年間，陳師曾肆力於畫，筆力高古，爲一時推重。其人溫雅而有特行，友朋星聚，姚茫父，王夢白，陳半丁，齊白石，最數往還。而金北樓，周養安，凌植之，顏韻伯，蕭謙中，羅復堪，凌宴池，次之。湯定之，汪愼生，亦偶來，其時蕭屋泉與蕭謙中並稱二蕭，拱北長於細筆，仿宋逼眞，夢白寫生近新羅，半丁博而精，白石草蟲絕代，……師曾以癸亥病歿金陵，自後十年間，畫家派別分歧，諸子亦風流雲散。惟有溥心畬，自戒壇歸城中，出手驚人，儼然馬夏。」〔註16〕可見自庚子年至民國初年，當時的畫壇最初延續晚清「四王吳惲」遺韻，後風格遂爲多樣，有仿宋院體花鳥的金城、有近新羅的王雲、有近海派的陳師曾、陳半丁等等，當諸子風流雲散的 30 年代時，溥心畬取法北宗，儼然馬夏的畫風〔註17〕在當

〔註14〕轉引自邵天：《溥儒與戒臺寺》，《紫禁城》1996 年第 3 期，44 頁。
〔註15〕轉引自王彬：《略論溥心畬的書畫藝術》，《中國書畫》2005 年第 5 期，33 頁。
〔註16〕黃濬：《花隨人聖庵摭憶》上海古籍出版社 1983 年版，468～469 頁。
〔註17〕溥心畬的山水畫面貌多樣：一種是北宗風格的山水，淺絳、水墨兼而有之，構圖多取雄偉的崇山峻嶺，皴法多用小斧劈；另一種由董源、黃公望、王蒙等南宗山水演化而來，以南宗筆法繪北方山水，皴法多披麻、解索，山上多礬頭；此外另有一種粗筆山水，此類粗筆山水中的山體圖式、排列佈局、峰巒造型與王原祁的山水畫頗多相似之處；作爲山川衣冠的雜樹之法與南宗一脈相承，似乎將「粗沈」與「四王」融於一體，另結出獨具個人風格的「粗溥」式的粗筆山水。但其最爲人熟知，影響最大的當爲延續北宗風格的山水畫。

時的藝壇獨樹一幟。時人在評價溥王孫的畫作時，除卻藝術上的推崇，對於他皇族身份是津津樂道的。「心畬爲恭忠親王之孫，名溥儒，鼎革之後，居戒壇十年，博學，工繪事，山水能兼南北宗之勝，松石人物，並駸駸入古。」〔註18〕可以說，溥心畬的成功除卻深厚的藝術功力外，其高貴的出身也是不容忽視的。

張大千的習畫始自家學「予畫幼承母訓，稍長從仲兄善子學人馬故實，先姊瓊枝爲寫生花鳥。年十七，出峽渡海，學染織於日本西京，繪事逐輟。二十歲歸國，居上海，受業於衡陽曾夫子農髯，臨川李夫子梅庵，學三代兩漢金石文字，六朝三唐碑刻。兩師作書之餘，間喜作畫，梅師酷好八大山人，喜爲花竹松石，又以篆法爲佛像。髯師則好石濤，爲山水松梅。每以畫法通之書法，詔門人子弟。予乃效八大爲墨荷，效石濤爲山水，寫當前景物，兩師嗟許，謂可亂眞。又以石濤、漸江皆往來於黃山者數十年，所寫諸勝，並得茲山性情，因命予往遊。三度裹糧，得窮松石之奇詭，煙雲之幻變，延譽作展於成都、重慶。」〔註19〕俞劍華曾評價，自滬上興起的石濤、八大風潮，與張善孖、張大千的推動有密切關係。「蜀人張善孖、張大千來上海後，極力推崇石濤、八大，搜求遺作，不遺餘力。而大千天才橫溢，每一命筆，超軼絕倫。於是，石濤、八大之畫始爲人所重視，價值日昂，學者口眾，幾至家家石濤、人人八大。連類而及，如石谿、瞿山、半千，均價值連城；而『四王吳惲』，幾無人過問了。」〔註20〕張大千精研石濤畫風，關於他作假石濤的事情也似無需諱言。〔註21〕張大千的名字首次出現於上海的報端是 1926

〔註18〕黃濬：《花隨人聖庵摭憶》，上海古籍出版社 1983 年版，170～171 頁。

〔註19〕張大千：《四十年回顧展自序》，《現代名家藝術隨筆——張大千藝術隨筆》，上海文藝出版社 2001 年版，57 頁。

〔註20〕俞劍華：《七十五年來的國畫》，《俞劍華美術論文選》1988 年版，61 頁。

〔註21〕俞劍華 1928 年的《現代中國畫壇的狀況》一文中有段話頗有深意，在中國畫派別林立的當時，他提出一個「盜古派」，並寫道「古既爲人所重，遂有盜古以欺人者。開門見山的說，就是製造假畫，用舊的紙，按著古人畫的原本或臨本，贗本上的樣子，一山一水，一畫一點，都惟妙惟肖，必恭必謹的膳錄下來。造上假款，印上假印章，再用舊的綾子或錦裱起來。只要你造得有七、八分像，就不愁沒有瞎眼的冤桶，拿著幾十百千的大銀元，你搶我爭得買它回去，請上幾個名人寫上幾句打油詩，印上兩方神品、妙品、珍賞、心賞的圖章，所在楠木箱子裏，要非其時不看，非人不示，變成了子孫其保之的寶貝。所以近來有幾位造假畫的朋友，著實發了點小財。」這似乎是在暗喻張大千等作假畫的畫家。

年〔註22〕，但在海上畫壇闖出名堂是借助 1928 年秋英會的展覽。而眞正意義上的個人畫展是 1930 年 5 月在寧波同鄉會所辦的《張大千個人畫展》「張大千個人畫展自於昨日假寧波同鄉會公開展覽後，雖値天雨，而來賓仍極擁擠，大有戶限為穿之概。」〔註23〕上世紀二、三十年代，張大千曾往來京滬之間，但是其被北平藝壇接受，是其與北平藝壇一眾交遊，並於 1935 年成功舉辦畫展〔註24〕，出版圖錄以後的事情。1935 年琉璃廠淸秘閣爲張大千出版了四冊《張大千畫集》，由傅增湘、周肇祥、溥儒、溥忻、于非闇、齊白石、俞陛雲、成多祿、陳半丁、徐鼐霖、陳寶琛（即 1934～1936 年時常舉行聚餐雅會的 11 人）共同評價其畫，由徐鼐霖執筆作序。序云「大千繪畫之成功，固然因他生於四川。環境中山水奇險而雄壯，日相狎接，蘊在胸襟。又富於藝術之天縱才思，兼之不斷用功；始有今日成就。他的大風堂珍藏有歷代名畫數百件，縱覽百家，不拘一體一格與派別，都下過一番苦功。尤盡得石濤、八大、石谿、漸江、大風、冬心、新羅各家之奧秘融會貫通，擷取古人精華，去其糟粕，一筆一畫，無不意在筆先；神與古會。用筆縱橫，渾厚蒼潤之氣韻，溶合南北宗於一爐，自成蹊徑，而達到神化高峰；毫無一點拘率之迹象。」〔註25〕張大千出身布衣平民，沒有可以依靠的顯赫家庭背景，想要成功只能完全依靠個人的努力。他善交遊喜應酬，而且圍繞著他的眾多傳奇經歷〔註26〕，包括他青年即蓄鬚的特立獨行，即是個性使然，也是在一

〔註22〕 《東亞藝術展覽會》於 1926 年 3 月 29 日開幕，張大千有作品參會，據 1926
年 4 月 1 日《申報》熊夢《東亞藝術展覽會觀畫記》報導「張季蝯之山水，
以簡單取勝，寥寥數筆中，別成一格，可謂工於是道者矣。」轉引自王中秀：
《張大千年譜箋證三則》，《新美術》2012 年第 4 期，45 頁。

〔註23〕 1930 年 5 月 22 日《申報》報導，轉引自王中秀：《張大千年譜箋證三則》，《新
美術》2012 年第 4 期， 50 頁。

〔註24〕 「1935 年春季，大千先生與其兄善孖先生在北平中山公園水榭舉辦『張善孖、
張大千昆仲聯合畫展，……在此之前，大千先生的作品在日、朝、法、俄展
售，名聲初具，但在北平還立足未穩。』」詳見崔普權：《北平畫界的一場筆
訟風波》，《北京檔案》2013 年第 3 期，46 頁。

〔註25〕 王振中：《張大千三十年代在北平》，《文史雜誌》1990 年第 2 期，2 頁。

〔註26〕 張大千族名正權，在現今可見的各類張大千年表中，均稱其張蝯之名始自滬
上學藝之時，而根據曾熙 1924 年爲其所訂《季蝯書畫例言》中所稱「張蝯，
字季蝯。內江人。生之夕，其母夢黑蝯，坐膝下，覺而生季，因名蝯，字曰
季蝯。季性喜佛，故曰大千居士。」曾熙應是根據張大千本人的表述而撰寫。
而稱自己爲猿猴轉世並不是張大千首創的，根據黃濬《花隨人聖庵摭憶》所
載「吾國人好自詡前身有畜生道轉來，尤喜稱猿猴轉世」宋明筆記中多有記

眾畫家中脫穎而出的成功捷徑。張大千幼承家學，至滬後師從曾農髯、李瑞清，繪畫取法石濤、八大。山水畫由石濤入手，擴及石谿、漸江，進而仿王蒙、追董、巨，筆墨和風格一直在不斷變化，直到創造潑彩畫法。花鳥有「仿華新羅、陳老蓮的細筆和易元吉的黑猿；他的幾筆遊魚和折枝海棠，又回到八大的寫意和新羅的沒骨。」〔註27〕人物畫初學唐寅、趙子昂、李公麟，赴敦煌臨摹魏、唐壁畫後人物畫更為寫實生動。

　　溥心畬於 1925 年在北京中山公園水榭舉行首展，併入溥伒所組的「松風畫會」，結束西山隱居的溥心畬以皇親貴冑的身份步入畫壇之初，即在畫壇引起強烈反響。張大千上世紀二十年代後期，在滬上初入畫壇，漸有聲名。三十年代張大千遍遊海內，結交名宿，在精研傳統的同時，作品開始有了自家面目，而真正被北京畫壇接受應該是上世紀三十年代中期左右。當于非闇撰文提出「南張北溥」說法時，無疑是借溥心畬之名對張大千的提攜，對張大千在北平藝壇的成名起著推波助瀾的作用。

　　述，清代袁子才即傳前身為蒼山老猿，張之洞為猿猴託生等等。張大千取字季蝯，可能也是緣於此種文人詡秘的錮習。

〔註27〕葉淺予：《張大千的藝術道路》，《文藝研究》1983 年第 6 期，120 頁。

民國時期的「畫中九友」

　　本文以首都博物館藏《合作花卉卷》為切入點展開研究，此卷由金城、江采、陳漢第、凌文淵、蕭愻、姚華、陳年、陳師曾、王雲九人寫桂花、凌霄、夾竹桃、菖蒲、珍珠梅、菊花、秋葵、荼蘼〔註1〕、蕙、秋海棠十種植物。卷後有姚華長題，周肇祥題寫外籤條和拖尾。根據此卷外籤條可知此卷原名應為「畫中九友合作卷」，「畫中九友」典出明末清初吳偉業所作《畫中九友歌》。周肇祥以上述九人比喻畫史中的「畫中九友」。「畫中九友」一經吳偉業提出，即被畫壇認可並加以推廣。成為中國山水畫史上的一個標誌性符號，其在文人畫家結社、藝術收藏、畫學研究等方面的影響力深遠。民國時期存在數個以「畫中九友」自命的畫家團體。至於本卷為何舊名為「畫中九友合作卷」，正是本人思考的問題。

一、作品描述

圖1　金城等繪《合作花卉卷》　紙本　首都博物館藏

〔註 1〕荼蘼：木香。落葉小灌木，白花，羽狀複葉，供觀賞。實際畫中陳半丁所畫為紅色的月季，但是姚華在手卷中題寫為荼蘼。

　　首都博物館藏民國時期《合作花卉卷》，紙本設色，全卷由金城、江采、陳漢第、凌文淵、蕭愻、姚華、陳年、陳師曾、王雲九人寫桂花、凌霄、夾竹桃、菖蒲、珍珠梅、菊花、秋葵、荼蘼、蕙、秋海棠十種植物。

　　金城繪岩桂（桂花），以赭色繪花枝，青綠色畫葉片，濃墨勾葉筋，橙色點丟桂花，青綠色點寫花蒂，細筆畫花莖。鈐「金城」朱文印；江采繪凌霄，以墨繪花葉，紅色繪花頭，濃墨點蕊、勾葉筋，鈐「吳江采」朱文印；陳漢第繪石、菖蒲、珍珠蘭，濃淡墨枯筆繪石，石上生一叢菖蒲，菖蒲以綠色、濃淡墨繪出前後層次，珍珠蘭以綠色、黃色直接點寫，鈐「陳漢第印」白文印；凌文淵繪夾竹桃，以深淺紅色繪夾竹桃花朵，綠色寫花莖、葉片，濃墨勾葉筋，鈐「直之書畫」白文印；蕭愻繪菊花，枯筆重墨雙勾菊花花頭，淡墨繪葉片、花枝，濃墨勾葉筋，鈐「愻印」朱文印；姚華繪秋葵，以濃墨細筆勾勒秋葵花頭，黃色暈染花頭，綠色直寫花莖、葉片，濃墨枯筆復勾花莖，並勾葉筋（未鈐蓋印章）；陳年繪荼蘼，以深淺紅色繪花朵、花苞，淡墨畫葉片、花莖，濃墨勾葉筋，胭脂色點挑花刺，鈐「年」朱文印；陳師曾繪蕙，以赭石、綠色和胭脂的調和色畫花、莖，中鋒寫花莖，提按用筆畫花朵，濃墨點蕊，鈐「師曾」白文印；王雲繪海棠，深淺紅色畫海棠花，濃淡綠色畫葉片，濃墨勾葉筋，鈐「夢白」朱文印。

　　手卷後姚華題寫「癸亥（1923 年）伏前，夜集寒匏簃。茫父寫秋葵，謙中菊，直支夾竹桃，師曾蕙，南萍凌霄，半丁荼蘼，夢白秋海棠，伏廬石、菖蒲、珍珠蘭，鞏伯岩桂。未幾師曾南去，及秋而訃至京師，余今又易秋而春矣。追維往事昌勝悵惘。甲子（1924 年）上九為養庵記，姚華。」鈐「姚華」白文印。後又有周肇祥的題跋「民國初年都下畫壇寂盛，癸亥（1923 年）暑夕九友為余合作此卷，明年師曾歿於金陵，[註2] 丙寅（1926 年）鞏伯逝於滬瀆，茫父病死蓮花寺，今夢白又故，南萍蹤迹莫明，定之、植支先後去燕，伏廬垂老將避地海上，刹那間死生離合若此，而國都南遷，禍患相尋，未來之變尚不可度，追憶前塵為之歎息，檢付裝池，聊誌墨緣而已。丙子（1936 年）春日周肇祥。」鈐「肇祥」白文印。簽條也由周肇祥題寫「畫中九友合作卷子，退翁」。

　　值得關注的是周肇祥將此九人喻為明代的「畫中九友」。「畫中九友」出

〔註 2〕 此卷創作時間據姚華、周肇祥題記為 1923 年，但周肇祥寫道「明年師曾歿於金陵」有誤，陳師曾歿於同年。

自吳偉業〔註3〕所作《畫中九友歌》〔註4〕。本文將深入挖掘周肇祥以此九人比附「明九友」的別樣深意。

二、「明九友」對清代、民國畫學、繪畫的影響

　　「畫中九友」經吳偉業提出後，逐漸被清代、民國畫壇認可，成爲中國山水畫史上的一個標誌性符號，其在文人畫家結社、畫學研究等方面頗具影響力。

　　吳偉業於順治十三年作《畫中九友歌》。檢閱清人畫論，明末清初徐沁《明畫錄》論及董其昌、李流芳、卞文瑜、王時敏、王鑑、邵彌。張庚雍正時期所撰《國朝畫徵錄》中談到邵彌、王時敏、王鑑。嘉慶時人盛大士《溪山臥遊錄》中談到了四王、董其昌、李流芳。同治初年秦祖永撰《桐陰畫訣》分論董其昌、王時敏、王鑑。但上述著作都未將「九友」作爲群體談及。僅張庚《國朝畫徵錄》中談到吳偉業曾撰寫《畫中九友歌》，可見「明九友」在清代影響甚微。

　　至民國「明九友」號召力驟升。潘天壽《中國繪畫史》曾論述「吳梅村

〔註3〕吳偉業（1609～1671 年），字駿公，號梅村，別署鹿樵生、灌隱主人、大雲道人。明末清初著名詩人，著有《梅村詩餘》等。
〔註4〕《畫中九友歌》：
　　華亭尚書天人流，墨花五色風雲浮。
　　至尊含笑黃金投，殘膏剩馥雞林求。（玄宰）
　　太常妙蹟兼銀鈎，樂郊擁卷高堂秋。
　　眞宰欲訴窮雕鏤，解衣盤礴堪忘憂。（煙客）
　　誰其匹者王廉州，神姿玉樹三山頭。
　　擺落萬象煙霞收，尊彝斑剝探商周，
　　得意換卻千金裘。（玄照）
　　檀園著述誇前修，丹青餘事追營丘。
　　平生書畫置兩舟，湖山勝處供淹留。（長蘅）
　　阿龍北固持雙矛，披圖赤壁思曹劉。
　　酒醉灑墨橫江樓，蒜山月落空悠悠。（龍友）
　　姑蘇太守今僧繇，問事不肖張兩眸。
　　振筆忽起風颼颼，連紙十丈神明遒。（爾唯）
　　松園詩老通清謳，墨莊自畫歸田遊。
　　一犁黃海鳴春鳩，長笛倒騎烏牸牛。（孟陽）
　　花龕巨幅千峰稠，小景點出林塘幽。
　　晚年筆力凌滄州，幅巾鶴髮輕王侯。（潤甫）
　　風流已矣吾瓜疇，一生迂癖爲人尤。
　　僮僕竊罵妻孥愁，瘦如黃鵠閒如鷗，
　　煙驅墨染何曾休！（僧彌）

作《畫中九友歌》，以董玄宰居首，王時敏、王鑒、李流芳、楊文驄、程嘉燧、張學曾、卞文瑜、邵彌等皆此派之卓卓者。」〔註5〕明確的將此九人論爲一派。鄭午昌《中國畫學全史》「清之畫學」開篇即寫道「自明季以來，吳派大盛。吳梅村所號曰畫中九友者，如王時敏、王鑒等，皆爲清初畫家領袖。」〔註6〕將此九人歸屬於吳派，清代三百年的山水畫亦是在此派領袖影響之下的。潘天壽《中國繪畫史》弁言中稱此書初版於民國十五年（1926年），再版於民國二十四年（1935年）。鄭午昌《中國畫學全史》由黃賓虹序推測當刊印於1928年。由此可見「明九友」爲民國時期的美術研究者所認可。「明九友」不僅爲民國美術理論家認可，並被民國畫家所推崇，吳湖帆、神州國光社曾刊印九友山水合冊。葉恭綽曾撰《後畫中九友歌》。此外當時還有若干以「畫中九友」自命的畫家群。

三、《畫中九友合作卷》（現名「合作花卉卷」）分析

1、民國「九友」及周肇祥

金紹城（1878～1926年），又名城，字鞏伯，一字拱北，號北樓、藕湖。浙江吳興人。「生有夙慧，幼即嗜丹青，課餘握管，輒迥異常人。其鄉里士紳富收藏，偶假古人卷冊臨摹，頗有亂眞之概，其作畫雖無師承，而動筆即深得古人旨趣，其山水花鳥，無一不能。兼工篆隸鐫刻，旁及古文辭。」〔註7〕1900年留學英國鏗司大學，1905畢業歸國後任上海會審公廨襄讞委員，1911年改官京曹，薦補內務部僉事，後又被選爲眾議院議員，歷任國務院秘書，蒙藏院參事。民國九年（1920年）創辦中國畫學研究會，1926年在上海病逝。著有《藕廬詩草》、《北樓論畫》、《畫學講義》等。

江采，女。號南蘋，杭州人。陳師曾弟子。善畫，寫墨梅似玉几（陳撰）〔註8〕。

陳漢第（1874～1949）字仲恕，號伏廬，杭州人。陳豪〔註9〕之子。清季

〔註5〕潘天壽：《中國繪畫史》，上海人民美術出版社1983年版，211頁。
〔註6〕鄭午昌：《中國畫學全史》，江蘇文藝出版社2008年版，245頁。
〔註7〕《金拱北先生事略》《湖社月刊》第一至十冊（影印版），天津古籍出版社2005年版，總2頁。
〔註8〕陳撰：字楞山，號玉几山人，以書畫遊江淮間。善草書，工寫生，尤精墨梅，間作山水。
〔註9〕陳豪（1839～1910），浙江仁和人。字藍洲，號邁庵，清末著名畫家、詩人。

翰林，辛亥革命後歷任國務院秘書長，清史館編纂。擅寫花卉及枯木竹石，尤善畫竹。晚年寓居上海。有《伏廬印存》傳世。

淩文淵，字直之（植支），江蘇泰縣人。清季兩江優級師範出身，辛亥革命後官至財政部組長。善書、畫，花鳥畫似陳道復、徐渭，筆勁墨湛，氣勢磅礡。

蕭謙中（1883～1944年），原名蕭愻，字謙中，號大龍山樵，一作龍樵，安徽懷寧人。早年隨同鄉姜筠、陳昔凡學畫。山水似其師，並多爲其代筆。曾出遊西南、東北名勝。1920年回京後，見展覽會中石濤、龔賢、梅清畫作，遂自創用筆蒼厚，設色濃重的新風格。

姚華（1874～1930年）字重光，號茫父，別署蓮花龕主，貴州貴築人。晚清進士，授工部虞衡司主事，庚子之亂後，赴日本法政大學，畢業歸國，任郵傳部船政司主事等職，曾任北京女師大、京華美專校長、清華學堂、民國大學、朝陽大學等校教授，被北京大學造型美術研究會聘爲導師。古文字學家、戲曲理論家、曲學家、詩人、文學家、教育家，書畫家、工藝美術大師。繪畫擅山水、花鳥，書法擅篆、隸、眞、行。著有《弗堂類稿》。

陳半丁（1876～1970年）名年，字靜山，號半丁，浙江紹興人。在上海時畫藝得吳昌碩、任伯年、蒲華等名家指授。山水似石濤，花卉似陳白陽、吳昌碩，兼善摹印。1906年隨金城來京，鬻畫爲生。

陳師曾（1876～1923年）字師曾，號朽者，朽道人，號所居曰槐堂，日唐石簃，曰染倉室，江西義寧（今江西修水）人。祖陳寶箴，父陳三立。天稟慧絕，十歲能爲擘窠書，塗抹雲煙，工詩文。既冠赴日習師範，歸爲南通、長沙等校教師，繼任教育部編審，北京高師、北京美專教授。工篆刻書法，擅山水花鳥人物，著有《染倉室印存》、《陳師曾先生遺墨》、《槐堂詩鈔》、《不朽錄》。

王雲（1888～1934年）字夢白，號破齋主人，又號彡道人，江西豐城人。初在上海錢莊學徒，畫花鳥學任頤，爲吳昌碩賞識。在金城推薦下任北京司法部錄事。陳師曾勸其改畫李鱓、華喦，成爲當時北京畫壇著名的花鳥畫家。曾任北平藝專教授。

周肇祥（1880～1954年）字嵩靈，號養庵，別號退翁。浙江紹興人。先後卒業於京師大學堂、法政學堂。曾任四川補用道、奉天警務局總辦、奉天勸業道、奉天葫蘆島商埠督辦、署理鹽運使、警務局督辦兼屯墾局長、湖南

省省長、臨時參政院參政、北京古物陳列所所長、國學書院副院長等職。

2、藝術交往

（1）相通的藝術思想

「整個中國近代史幾乎就是一部落後挨打的歷史，是一部落後的中國被使用槍炮的先進的西方人征服、掠奪的歷史。慘痛的教訓，迫使中國人想像到西方的科學能解決一切問題。」〔註10〕期望以科學解決藝術問題的首倡者是康有為。康有為曾評論「中國畫學至國朝而衰弊極矣，豈止衰弊，至今郡邑無聞畫人者。其遺餘二三名宿，摹寫四王、二石之糟粕，枯筆數筆，味同嚼蠟，豈復能傳後，以與歐美、日本競勝哉？……如仍守舊不變，則中國畫學應遂滅絕。」對此的解決方法，他期望是「合中西而為畫學新紀元者。」〔註11〕也就是融合東西的道路才能挽救中國畫學，而對於如何採用西法，如何融合東西畫學，並未進行詳細的說明。隨後的 1918 年，陳獨秀在《美術革命——答呂澂》高呼「若想把中國畫改良，首先要革王畫的命。因為改良中國畫，斷不能不採用洋畫寫實的精神。」〔註12〕二人的主張可謂一脈相承，對於四王末流高喊打倒，提倡「改良中國畫」融合中西，對於如何融合東西，陳獨秀首先要求使用西畫的「寫實的精神」。徐悲鴻在《中國畫改良論》中論述「畫之目的，曰（惟妙惟肖）。妙屬於美，肖屬於藝。故作物必須憑實寫，乃能惟肖。待心手相應之時，或無須憑實寫，而下筆未嘗違背真實景象，易以渾和生動逸雅之神致，而構成造化，偶然一現之新景象，乃至惟妙。」〔註13〕徐悲鴻所倡導的先「惟肖」再「惟妙」是對陳獨秀「寫實精神」路線的延伸與落實。

對於革命派的觀點，傳統繪畫的擁護者奮起反擊，陳師曾 1921 年發表的《文人畫之價值》談到「文人畫之要素：第一人品，第二學問，第三才情，第四思想；具此四者，乃能完善。蓋藝術之為物，以人感人，以精神相應者也。由此感想，由此精神，然後能感人而能自感也。」〔註14〕在當時革命派

〔註10〕余海棠：《20 世紀中西繪畫的衝突與交融》，《湖北師範學院學報》2003 年第 1 期。轉引自杭春曉：《溫和的漸進之路——以民初北京地區中國畫傳統畫家為中心考察》，中國藝術研究院 2006 年博士論文，10 頁。

〔註11〕康有為：《萬目草堂藏畫目》，轉引自顧森、李樹聲主編《百年中國美術經典》（第一卷）海天出版社 1998 年版，2 頁。

〔註12〕陳獨秀：《美術革命——答呂澂》，轉自顧森、李樹聲主編《百年中國美術經典》（第一卷）海天出版社 1998 年版，4 頁。

〔註13〕同上。

〔註14〕陳師曾：《中國繪畫史》，中國人民大學出版社 2004 年版，附錄《文人畫之價

要求改革傳統繪畫的時代氛圍下，陳師曾士大夫畫觀點一經提出即受到傳統繪畫者的擁護，更有論者認爲「自師曾出而所謂士大夫畫始爲世所重，畫苑習氣，洗伐淨盡，雖時人所謂士大夫畫，未必名副其實，然入民國後之藝術進步實於此啓之，師曾之議論風采足以領導群倫亦可於此徵之。」〔註15〕

　　金城在《畫學講義》中指出「我國自唐迄今，名手何代蔑有。各名人之所以成爲名人者，何嘗鄙前人之畫爲舊畫，亦謹守古人之門徑，推廣古人之意，深知無舊非新，新由是舊，化其舊雖舊亦新，泥其新雖新亦舊。心中一存新舊之念，落筆遂無法度之循，溫故知新，宣聖明訓，不愆不忘，率由舊草，詩意概可知矣。總之作畫者，欲求新者只可新其意，意新固不在筆墨之間，而在於境界。以天然之情景眞境，藉古人之筆法，沾毫寫出，發揮時氣韻自露，氣韻露則藝術自然臻於高超矣。」〔註16〕金城也認爲不能厚古薄今，繪畫求新是求意境之新，以古人筆法，寫時代氣韻。

　　陳師曾《文人畫之價值》由姚華作序。姚華於《中國文人畫之研究序》中談到美與眞的關係「美之與眞，各極其反也，鶩美則離眞，求眞則失美。以文人之美，常參造化之權。畫家之眞，屢貽鶩犬之誚。」〔註17〕可見姚華對於康、陳、徐所提出的以寫實主義改良中國畫的理論是不認同的。認爲美與眞不是對等的，文人畫之美高於對眞實的追求。

　　凌文淵曾發表《國畫在美術上的價值》一文，提出研究中國畫的首要條件是：人格、學問、書法、創造性等，這與陳師曾所提出的文人畫得四要素：人品、學問、才情、思想，可謂一脈相承。凌文淵認爲「研究國畫，必須先要研究眞美的精神所在，在形迹上可以看見的，不得謂之眞美。」〔註18〕對於國畫的眞美的探討，似乎又是在延續姚華的觀點。

　　（2）藝術上的相互影響

　　　　值》，第 145 頁。
〔註15〕邱吾：《從陳師曾説起》，《四十年來之北平》，子曰社 1950 年版，41 頁。
〔註16〕金城：《畫學講義》，《湖社月刊》第二四冊（影印版），天津美術出版社 2005年版，總 378 頁。
〔註17〕鄧見寬編：《姚茫父畫論》貴州人民出版社 1996 年版，30 頁。
〔註18〕凌文淵：《國畫在美術上的價值》，轉引自顧森 李樹聲編《百年中國美術經典》（第一卷）海天出版社 1998 年版，127 頁。

圖 2　王夢白等繪《癸亥紀年圖》　紙本　首都博物館藏

　　作爲藝術思想相近的畫友，集會作畫是常事，《癸亥紀年圖》爲王夢白、陳師曾、蕭謙中、姚華合作（圖2）。畫面右側一株梧桐，乾筆渴墨勾勒樹幹，濃淡墨畫出茂密梧桐葉，以墨色深淺表示樹葉的前後層次。樹下一農婦正在驅趕一頭花豬。畫豬背朝農婦，面向畫面之外，體態胖碩，步履蹣跚。梧桐、農婦、花豬都以水墨畫就，僅樹下的幾株秋葵用色直接畫出，綠色的花葉，粉紅的花多，成爲以黑白色爲主的畫面中的一抹亮色。

　　另據《王夢白及其花鳥畫》一文介紹，王雲曾爲金城創作過主題相似的作品——《墨豬圖》。「《墨豬圖》癸亥年（1923年）爲金城而作。……該畫面坡石上一棵筆直的棕樹，不用線勾，直用淡墨粗筆畫出樹幹，任其飛白，幾筆濃墨畫出層層棕皮，樹幹顯得粗壯，渾圓而富有體積感，棕葉的用筆雜而不亂，墨色運用恰到好處，潤枯榮衰好似自然天成。最爲可愛的是墨豬，這俗不可耐的動物在作者嫻熟的筆墨下顯得那麼可愛，憨態可掬。」〔註19〕

　　從《癸亥紀年圖》到《墨豬圖》，兩圖主題相似，構圖相近，足見王夢白、陳師曾、蕭謙中、姚華之間的交遊和繪畫創作的互相借鑒。

〔註19〕胡丹：《王夢白及其花鳥畫》《收藏家》2006年第5期，36頁。

圖3　金城《青綠山水》紙本　首都博物館藏

金城創作的《青綠山水》取沒骨法，構圖簡單，用筆疏放，與陳師曾的簡筆山水頗爲相似。因爲經常的書畫往來與交流，除採取相似的畫題，畫風間也有影響。

陳師曾的作品，姚華題詩詞，人稱「陳畫姚題」。姚華在《朽畫賦》中寫道「（師曾）喜爲畫，思之至深，所詣甚高，而世人駭然，莫能喻也。」〔註20〕可見姚華對陳師曾的惺惺相惜之情。除了繪畫創作，姚華與陳師曾都醉心於刻銅藝術。「京師所製銅墨盒面圖畫，精者多出於其與師曾手筆。」〔註21〕

（3）交遊

民國九年（1920年）周肇祥、金城、賀良樸、陳師曾、蕭謙中、陳漢第、徐宗浩、陶瑢等，有感於民初繪畫日趨荒落，爲謀國畫的挽救與發展，創立中國畫學研究會。據1947年《中國美術年鑒》載中國畫學研究會「會長周肇祥，副會長陳年、徐宗浩，評議陳漢第、胡佩衡、溥忻、張爰、溥儒、黃賓虹……」此外，王雲自1919年來京後，得金城推薦工作，陳師曾指授繪畫，並加入的中國畫學研究會。

陳師曾因首倡士大夫文人畫理論而奠定了其在北京畫壇的宗主地位。民國初期，「北都未敗以前，裙屐風流，於斯爲盛，其尤卓卓者，姚茫父、賀履之、湯定之、凌直之、陳半丁、蕭屋泉、蕭謙中、齊白石諸君，論年大抵略長於師曾，其次亦相雁行，雖不必盡以師曾爲宗主，至於操觚染翰，往往聯袂接席，氣味訢合，儼然詩壇之有建安，書林之有貞觀。」〔註22〕

1922年，周肇祥與夢白、陳半丁、姚茫父、凌直之、金城、江南蘋等參加陳師曾爲紀念蘇東坡誕辰八百五十週年召集的「羅園雅集」，並合作繪畫。

由上述幾則史料可見周肇祥、金城、陳師曾、蕭謙中、陳年、陳漢第、王雲均爲中國畫學研究會成員，以「精研古法、博採新知」爲宗旨。金城、江采、陳漢第、凌文淵、蕭愻、姚華、陳年、陳師曾、王雲爲往來密切的畫友，有著共同的藝術見解與追求。

四、相似的社會背景和人生經歷

民國初期北京作爲國都，加之幾百年的歷史積澱，全國畫家都彙聚於此，

〔註20〕鄧見寬：《姚茫父畫論》，貴州人民出版社，1996年版，第32頁。
〔註21〕俞劍華：《中國美術家人名辭典》上海人民美術出版社，1981年版，第589頁。
〔註22〕邱吾：《從陳師曾說起》，《四十年來之北平》子曰社1950年版，第40頁。

一時間畫壇繁榮熱鬧。1928 年北伐後國民政府定都南京，改北京為北平特別市。北京失去了國都的地位和待遇，但處於抗日戰爭的國防前沿，仍是中央政府及各派政治勢力關注的焦點。日本佔領東北後，積極策動「華北自治」。在 1937 年七七事變前，華北的戰爭空氣已十分緊張。

俞劍華在《七十五年來的國畫》一文中評論北京畫壇「最盛是在民國七年到十二年（1918 年～1923 年），那時在北平的畫家有蕭謙中、蕭屋泉、姚茫父、陳半丁、賀履之、湯定之、陳師曾、胡佩衡、王夢白、淩克直、余紹宋、金拱北、齊白石諸先生，人材濟濟，各體俱備。除齊白石外，都是筆墨純正，氣息古雅，但一種精悍豪放之氣，自不可掩蔽，惟不肯縱橫馳騁，作無韁之馬而已。民國十年（1921 年）以後，謙中、拱北、師曾諸先生相繼歸道山，北平氣象亦日沒落，畫家或走或歿，現僅半丁、白石尚在，如碩果之僅存了。」〔註23〕隨著畫壇巨星的相繼隕落和北平失去了國都的地位和待遇，已難與海上畫壇抗衡。

《北平旅行指南》中的周肇祥是以官員畫家的面目出現的，作為「現代詩畫家」進行介紹，稱其「善畫山水、花卉，精研有年，畫梅尤所擅長。」〔註24〕但是他對於北京畫界的影響力多是出於其美術活動家的身份引發的。他自 1920 年與金城等人創立中國畫學研究會，1926 年金城病逝後，金潛庵另立湖社。中國畫學研究會在會長周肇祥的治理下，至 1947 年發展到會員一千餘人，學成出任教職者百餘人，舉辦了成績展覽二十五次，參加各國展覽或博覽會十餘次。周肇祥雖在 1941 年出任偽職（國學書院第一院副院長），但他對於民國北京畫界的貢獻和影響力是毋庸置疑的。

晚明是中國歷史深刻變革的時代，明王朝搖搖欲墜，士人朝不保夕，面臨著個人前途和國家前途的兩難抉擇。明亡之時吳偉業本欲自縊，但被其母勸阻，最終迫於壓力仕清變節。但他既愧稱明臣，又羞稱清臣。內心糾結痛苦，至死都滿懷對故國的羞愧。晚年的吳偉業深感亡國之痛、仕清之辱，心境隨之改變，其《畫中九友歌》描繪了九位逍遙超逸的畫人，藉此抒發個人對隱逸生活的嚮往，希冀於山水畫作中求得精神解脫。

抗戰前夕與明清鼎革之際的社會氛圍無疑是緊張而壓抑的，作為文人的

〔註23〕俞劍華：《七十五年來的國畫》，《俞劍華美術論文選》，山東美術出版社 1986 年版，60 頁。

〔註24〕馬芷庠編：《北平旅行指南》經濟新聞出版社，339 頁。

吳偉業、周肇祥的內心定是矛盾而焦灼的。

五、結論

民國時期對於「明九友」倍加推崇，從畫家、美術理論家到出版物無不對九友進行仿傚、介紹。周肇祥面對裝池一新的手卷，花草爛漫，睹物思人，目睹國都南遷，外辱入侵，摯友死生離散。聯想到晚明的動蕩時局和「明九友」的際遇和不可知的未來，有感而發遂將此卷題寫爲「畫中九友合作卷子」。

亦或是上述九名畫家被當時北京畫界合稱爲「畫中九友」，周肇祥將畫卷裝池後，將此稱謂題寫於上。

無論哪種情況都說明「畫中九友」在畫史中已成爲標誌性符號，其在民國時期畫家結社、畫學研究等方面影響甚深。

從《琉璃廠雜記》看周肇祥的藝術品味

　　《琉璃廠雜記》是周肇祥以琉璃廠收藏見聞為主的雜記隨筆，兼有赴天津、直隸、東北，於當地搜羅古董的記錄。並有在京期間遊山訪古的遊記。本文主要根據《琉璃廠雜記》，分析此書的成書時間及周肇祥的藝術品位、所交所遊等等。

一、生平

圖 1　王美沅繪周肇祥像

周肇祥（1880～1954 年）字壽安，一字養庵、養菴、養盦、養安、號退翁、無畏居士，亦號廣慧庵主，齋堂爲娑羅花樹館、石檜書巢、廣慧庵。浙江紹興人。清光緒舉人。先後卒業於京師大學堂、法政學堂。民國時期爲徐世昌門人。曾任四川補用道、奉天警務局總辦、奉天勸業道、奉天葫蘆島商埠督辦、署理鹽運使、警務局督辦兼屯墾局長、湖南省省長、臨時參政院參政、北京古物陳列所所長、北京團城國學館副館長等職。1913 年到京，積極參與藝術活動，在北京主辦中國畫學研究會十餘年，溝通中日文化美術交流，酷愛收藏。

二、《琉璃廠雜記》的成書時間

周肇祥酷嗜古物，常流連於琉璃廠肆。檢閱《琉璃廠雜記》書中並沒有確切地表明該書撰寫的起止時間，但該書中有幾段文字，可作爲推測此書成書時段區間的參考。

該書開篇周肇祥即寫道「新學初胚，國粹寖失。今日之琉璃廠，冰清鬼冷，不特非同光全盛時比，即去年夏間氣象亦不復見。各肆夥友多袖手坐食，有一兩月不賣錢者。舊日廠友見余至，甚歡迎，豈知余亦眼饞囊空，不能大有利於君者耶！古董玩物，亦運動品之一種。國變後，運動品亦爲之一變。古董玩物，要者殊少，民國新人物，嗜好自不同也。至昔日京曹官愛金石書畫者，多失勢星散，即在都稍有蓄積，亦無不惴惴然逃亂糊口是計，不敢出救命錢以添累贅物，此冷寂所由來也。」〔註1〕琉璃廠〔註2〕自清中期開始，開始彙聚舊書、碑帖、金石、文玩、文房用品等，也成爲文人雅集之所。1860年英法聯軍侵入北京，琉璃廠遭受到自清乾隆以來的首次浩劫。後來經過光緒三十餘年間的恢復，才重振舊業。辛亥革命以後，新文化運動的領袖們積極倡導「文學革命」，呼喚民主和科學，反對舊傳統、舊文化，加上白話文的推廣運用，由此而彙聚成爲激進而強大的社會思潮。在這種時代思潮下，傳統文化受到衝擊，於是傳統文化精粹的收藏之所——琉璃廠也受到了冷落，

〔註1〕周肇祥：《琉璃廠雜記》，燕山出版社 1995 年版，1 頁。

〔註2〕琉璃廠在遼、金時期只是一個偏僻貧窮，名喚「海王村」的小村莊。自元代開始在此設窯燒製琉璃磚瓦。明永樂遷都北京後，此地因燒製琉璃品而聞名，由此得名「琉璃廠」，明嘉靖時期，窯廠遷至門頭溝，但名字保留了下來。明清科舉取士，琉璃廠憑藉舉子及文人的聚集而發展起來，乾隆皇帝召全國博學之士編纂《四庫全書》，從而存進了此地書肆的繁榮，並帶動了金石碑帖、紙墨筆硯、古玩陳設業的興盛。

因此周肇祥有感而發的寫當時的琉璃廠「冰清鬼冷」。

《琉璃廠雜記》中關於民國之初的政治事件亦有所記錄，書中提及「民國成立三年一日，大總統升中海懷仁堂，文武官、蒙古王公、章嘉呼圖克圖喇嘛、各國公使皆入賀。天氣清和，旗纛蔿練，汽車冰牂如織。軍樂迭奏，履聲劍聲，胸間光芒璀麗之勳章，纍纍相摩曳，鏗鏘成美音，眞璃皇雍肅之典也。余以府中高級文官資格，列第一班第三排。九鐘三十分，禮成。出，與揖唐、銕舲同車到山本攝影紀念。」〔註3〕

據該書所記「九月二十八日，我（周肇祥）生三十六年矣。」〔註4〕周肇祥生於 1884 年，按生即一周歲推算，則周肇祥三十六歲時爲 1919 年。

《琉璃廠雜記》中雖有些回憶性的文字，如「回憶己亥（1899 年）初入都時，車龍馬水，填塞廠門。所見貴人夭姬，勝流詞客，姣童俊僕，朱輪雕鞍，繡衣珠屨，一切旇旎奇麗之景，恍如夢境。廠東已改電話局、高等師範學校，遊人不至。土地祠門內外沿牆一帶，古董、字畫、荒貨，舊錯雜陳，亦無奇特之品。」〔註5〕周肇祥 1899 年初次來京，1900 年入京師大學堂就學〔註6〕，1908 年開始步入官場，任四川成都巡警道。但眞正將其在琉璃廠的收藏見聞撰寫爲雜記，當時如《琉璃廠雜記》開篇所言的「新學初胚」民國成立之後的事情。文中「民國成立三年（1914）一日」及「我生三十六年矣（1919年）」可見《琉璃廠雜記》是伴隨著周肇祥在琉璃廠的收藏歷程日積月累地撰寫完成的。所以此書的成書時間段應爲 1912 年中華民國成立後，延續至 1919年以後。

依據《琉璃廠雜記》的記載，可以推測出此書成書時段區間，可是該書確切撰寫及完成時間，周肇祥在書中沒有明確提及。

三、藝術品味

（一）習畫經歷與繪畫創作

周肇祥在其所著《琉璃廠雜記》中多次提及外曾祖父陳理齋善畫並享畫名，「先外曾祖理齋公山水，爲清代皖畫開山。官粵東知縣，初學麓臺，得其

〔註3〕周肇祥：《琉璃廠雜記》，燕山出版社 1995 年版，35 頁。
〔註4〕周肇祥：《琉璃廠雜記》，燕山出版社 1995 年版，80 頁。
〔註5〕周肇祥：《琉璃廠雜記》，燕山出版社 1995 年版，5 頁。
〔註6〕《周肇祥年表》，詳見徐翎《〈藝林〉雜誌研究》，中國藝術研究院 2009 屆博士論文，120 頁。

蒼秀。晚年遠溯宋元，近撫廉州、耕煙。歿年未六十，卒未能竟其所造。然其精到之作，王吳外無足抗行者。近年留心搜輯，所得不少。崇古張芝軒爲覓扇面一，撫耕煙本至精，又紙本立幀，係四十以前作，眞得麓臺神髓。」〔註7〕「先外曾祖理齋陳公山水，近不多見。集古十六小幀之一，堅不肯拆售。亦於典古得一立幀，係學耕煙者，上款『蘇生』。」〔註8〕從周肇祥的記述中可見陳理齋的山水走的是「四王」一路，溯源宋元，以山水爲主，呈現蒼秀古樸的面貌。

《藝林月刊》第二期發表了梁於渭所繪《早菱圖》，頁邊有周肇祥按語「梁先生於渭，號杭雪，番禺人，光緒進士。授禮部主事。高才博學，以未獲官選，得心疾，假歸。不復出。畫筆秀逸。求無不應。然非奇特之士，亦不愛之。病且貧，困頓以終。其鈐畫章，有曰落第狀元，科甲何足數，龔定庵所謂人以科傳品以卑。而先生以此隕其身，悲哉。余髫齡居粵，數從先生遊，得畫甚多，壯而遊學，篋中物爲人窮盡，追念遺迹，輒爲悵然，今收此幀，聊慰我思，發潛表幽，後死責也。」〔註9〕梁於渭作爲晚清嶺南山水畫的領軍人物。「幼承傳家學，習畫由四王入手。隨著人生閱歷的豐富，廣交名流，對繪畫史的認識逐漸深入，繼而，遠師荊浩、關仝、李成等北派的山水畫技法，近法元人王蒙、吳鎮、倪雲林，還融會浙派戴進、吳偉諸家山水畫風格。山水以其槎枒乾筆、濃枯相間的焦墨，縱橫皴擦，盡顯其孤傲狂放、特立獨行的藝術風采。在傳世的作品中，以山水題材最多，花卉次之。」〔註10〕

周肇祥繪畫既有家學傳統，又髫齡居粵時師從梁於渭。

〔註7〕周肇祥：《琉璃廠雜記》，燕山出版社1995年版，2頁。
〔註8〕周肇祥：《琉璃廠雜記》，燕山出版社1995年版，72頁。
〔註9〕轉引自張濤：《民國前期北京畫家生活狀況與市場狀態研究》，中央美術學院2012年博士論文，72頁。
〔註10〕黎向群：《梁於渭德藝術成就及其隸書七言聯》，《書法》2013年第11期，81頁。

圖 2　梁於渭山水畫〔註11〕

〔註11〕 圖版來自黎向群：《梁於渭德藝術成就及其隸書七言聯》，《書法》2013 年第
　　　　 11 期，83 頁。

圖3　周肇祥《山水冊》（之一）　紙本　縱26.5，橫22.5釐米　首都博物館藏

　　《山水冊》（之一），紙本冊頁，水墨山水，山路蜿蜒，山勢層疊，構圖
奇絕，僅在畫面頂端山巔上有數株松樹。山以淡墨濕筆披麻皴，濃墨中鋒於
每層山頂上密點苔點。畫風淡逸輕舒，受新安、黃山畫派影響。上題「慧珠
姬人，初學作畫，寫此八幀，以供臨摹。戊申（1908 年）九月，老髯。」鈐
「肇祥之印」白文印。

　　在《琉璃廠雜記》中周肇祥寫道「二十二日旋津，次日早起。默嫻夫人
為劉靜媛女士臨南田溪山釣艇橫幀，得其雋逸。余為略加點染，鈐印張壁。
慧珠亦以近作墨梅請正，枝瘦花疏，頗見寒淡。」〔註12〕慧珠似為當時的戲
曲名伶言慧珠。

圖 4　周肇祥《芭蕉竹石圖軸》　紙本　縱 99，橫 32 釐米　首都博物館藏

〔註12〕周肇祥：《琉璃廠雜記》，燕山出版社 1995 年版，21 頁。

　　《芭蕉竹石圖軸》紙本立軸，水墨繪芭蕉竹石。畫面下方土坡上中心安置一湖石，湖石側有芭蕉，植株挺立，蕉葉肥厚；幾叢幽篁從芭蕉、湖石前後探出枝葉。上題「疏篁與嫩蕉，無雨亦蕭蕭。何如石不動，終古自崢嶸。退翁周肇祥並頌。」鈐「周肇祥印」白文印，「養安」朱文印。構圖傳統，湖石乾筆重墨勾勒輪廓，飛白盡顯，濕筆濃淡墨皴擦互用，渾然一體，重墨橫筆點苔。芭蕉以淡墨中鋒勾勒植株，濃淡墨側鋒排筆繪蕉葉。濃墨中鋒細筆繪疏篁，淡墨中鋒細筆繪雜草。畫面景物簡潔，粗細筆法並用，此圖蕉、石用筆疏放處似習八大，草、竹嚴謹處來自宋人。將雄放于謹嚴融於一幅畫作之中。周肇祥的花鳥作品中有一部分源於對八大的學習，在他的另一幅《墨松圖》中曾題寫「雪個磊落人，蕭散如古松。」足見對八大的推崇。從該圖中還以看到周肇祥對梁於渭縱橫恣肆筆墨的繼承。

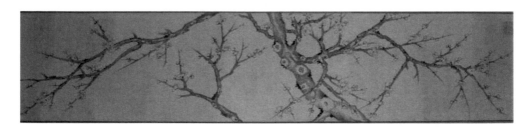

圖5　周肇祥《墨梅卷》　紙本　縱 24，橫 133.2 釐米　首都博物館藏

　　《墨梅卷》紙本手卷，墨筆梅花。手卷中心繪梅樹主幹，花枝向四方發散生長，淡墨勾勒梅枝幹，樹皮皴擦互用，濃墨勾結疤，橫筆點苔，淡墨勾花頭，點蕊，濃墨點萼，上題「丙子（1936 年）伏暑，擬宋人筆。退翁周肇祥。」鈐「肇祥長壽」白文印。自題擬宋人筆法，頗具宋人花鳥畫嚴謹工致之韻味。

　　從現今可見的周肇祥的作品和民國時期《藝林》雜誌上發表的書畫作品分析，周肇祥繪畫以山水花鳥為多，風格面貌多樣。山水因家學關係，由四王入手，頗富四王恬澹之氣。花鳥既承其師梁於渭與八大的粗獷之氣，又有宋人畫的細緻精微之韻。

（二）收藏品位與鑒賞能力

　　考古工作的開展影響了京城的收藏風潮。如黃濬憶當時「廿餘年來，予所見友朋亭館几案間，以出土陶器為陳飾者，與日俱增。此昔人所不甚尚者，

而今人爭寶之，於以見考古之風日熾。及至今日如甲骨文字，如殷虛遺物，其所發見，咸爲文獻揃紀初元，後此言吉金，言陶器，亦必輝發日新，一闢前人未獲之域，可爲斷言。蓋今後考古，不當抱叢守缺，專肆力於斷簡殘篇，而當於地下求其物證，樂浪發冢，所得已資日本學界以豐收，國中若日趨暢諡，則窮石𡩋之封，搜雲亭之簡，涸河竭泗，越磧絕湘，力求古人所不敢摧陷豁露之事物，亦國家所當提倡也。」〔註13〕

自清代琉璃廠便是京城人文薈萃之地，周肇祥酷嗜收藏，在己亥年（1899年），初次入都時已醉心於收藏。他在還未調任京官之前，抓緊每次來京的點滴時間去海王村搜求「自娛」之物，並將自己津津樂道的收藏經歷和「自娛」式的藏品記錄於《琉璃廠雜記》之中，「住京凡十日，謁總統，訪師友，酬應徵逐，殊鮮暇晷。先後遊海王村凡六次，行篋少餘錢，商訂少良好，所得只此。然吾輩敢足自娛而已，非與有力而好事者爭多靡顧也。」〔註14〕周肇祥任京官之後，更是流連於廠肆，有如魚得水之感。「溽暑事繁，不履廠甸將浹旬矣。」〔註15〕十日爲浹旬，僅十日未逛琉璃廠，周肇祥就記錄於書中，慨歎不已，周肇祥出入琉璃廠之頻繁可見一斑。

史樹青回憶周肇祥的收藏之道，「不同於當時動用重金的富豪之家，藏品來源雖有些得自琉璃廠，而價昂之品往往望而生畏，歸而記之，以示不忘。由於先生博通文史，精於鑒別，故冷攤小市常見先生足跡，披沙揀金，往往得寶。先生曾刻一收藏印，文曰『周肇祥小市得』。寄託辛苦搜求，得來不易。先生精於金石書畫題跋，不論鼎彝名品，錙銖小器，書畫，碑帖，一經品題，頓生異彩。」〔註16〕

周肇祥醉心文物的搜求與保藏的原因在《琉璃廠雜記》中有所表露。「士大夫眼中不可無生機活潑之觀，胸中不可無磊落嶔奇之致，即小事能以見大，雖玩戲亦足知人，吾於今之貴人達官復何望哉！無高尚娛樂之人，其識見必不能超拔。非刻苦卓絕之士，其品性必不能堅貞。」〔註17〕周肇祥早年貧苦，亦屬刻苦卓絕之士，他認爲以玩戲、玩物而知人，有高尚的娛樂，才會有超

〔註13〕黃濬：《花隨人聖庵摭憶補篇》，上海古籍出版社 1983 年版，93 頁。
〔註14〕周肇祥：《琉璃廠雜記》，燕山出版社 1995 年版，5 頁。
〔註15〕周肇祥：《琉璃廠雜記》，燕山出版社 1995 年版，25 頁。
〔註16〕史樹青：《琉璃廠雜記》序，周肇祥：《琉璃廠雜記》，燕山出版社 1995 年版，序言 3 頁。
〔註17〕周肇祥：《琉璃廠雜記》，燕山出版社 1995 年版，83 頁。

拔的見識。但什麼是周肇祥認同的「高尚娛樂」呢？「聽戲吃館子叉麻雀，殆成為今日都下之俗尚，至於盤古董、撞詩鐘，已為最高尚之娛樂。若談文藝，講學問，搜求古迹，尋先賢之遺烈；遊覽山水，拓曠逸之胸襟，則殊鮮其人。或有以此相浼者，亦莫不笑為迂怪而遠之。惟此飲博徵逐、狂呼獸叫，以為人生之樂，莫過於此。首都之社會，一極醒醜卑劣之社會也。而欲養成優秀之人才，清明之政治，何可得哉！」〔註18〕搜求古物、遊山玩水是周肇祥個性使然還是在當時社會大環境下的「精神逃遁」，他的初衷我們已不可知。但是作為士大夫文人型官員的周肇祥似乎沿著「盤古董、撞詩鐘的高尚娛樂之路」，一路走來，未曾動搖。

鑒賞似可分為鑒定與欣賞。周肇祥長久浸淫於古物堆中，並曾任古物陳列所所長之職，眼界開闊，收藏範圍廣泛。書畫、碑拓、青銅、陶瓷、古玉等等皆有所涉獵，而於諸類收藏中，周肇祥愛印成癖，對自己的古璽印收藏頗有自信和體會，曾稱「搜羅古印者，廠肆絕無所聞，可以任我稱雄矣。」〔註19〕

「世俗收古印以名見正史為重。而作偽之徒，乃以古印之紐精鏤佳者磨之，另鐫正史所載稍冷僻古人名，謂人將不疑也。式古有龜紐母印，文曰『呂臺私印』。呂臺，漢呂后長兄澤子。紐至精，甲文稜起，色如浮水瓜。伏廬初見以詫為奇品。母印旁凹，余審其下端，比兩邊殊薄，字文又刻露，鈐以朱，殆學浙派者所另鐫，惡劣極矣。漢鑄印渾厚深醇，非刀所能辨。即鑿印草草，亦自有天然之趣。後人極力摹仿，未得百一。況有心作偽，豈能逃精鑒者之目哉！」〔註20〕周肇祥對古璽印的收藏頗有心得體會，經過多年的收藏已練就了「精鑒」之目。

因為時局艱難，面對喜愛的文物，有時周肇祥也會猶豫再三，不敢出手購入。「尊古從河南得新出土玉印，白文『楊順』，螭紐，灰沁。楊順字元信，天水冀人楊機之兄，仕至梁郡太守，《魏書》附機傳。索價五十番，鑒於時局之艱難，留玩數日，不得已而還之。」〔註21〕有時面對深愛的文物，雖手頭拮据，周肇祥也會把持不住，為了得到尚古齋路估所售的蒲璧，周肇祥「縮食節衣」，終於以二百番購得。說明他對於收藏的癡迷。

〔註18〕周肇祥：《琉璃廠雜記》，燕山出版社 1995 年版，74 頁。

〔註19〕周肇祥：《琉璃廠雜記》，燕山出版社 1995 年版，35 頁。

〔註20〕周肇祥：《琉璃廠雜記》，燕山出版社 1995 年版，177～178 頁。

〔註21〕周肇祥：《琉璃廠雜記》，燕山出版社 1995 年版，158 頁。

（三）所交所遊

民國九年（1920 年）周肇祥、金城、賀良樸、陳師曾、蕭謙中、陳漢第、徐宗浩、陶瑢等，有感於民初繪畫日趨荒落，爲謀國畫的挽救與發展，創立的中國畫學研究會。據 1947 年《中國美術年鑒》載中國畫學研究會「會長周肇祥〔註 22〕，副會長陳年、徐宗浩，評議陳漢第、胡佩衡、溥忻、張爰、溥儒、黃賓虹……」可見周肇祥作爲中國畫學研究會會長，以「精研古法、博採新知」爲宗旨，以聯合南北畫家，糾正國畫時弊，與時代共進步爲藝術追求，成績卓著。

周肇祥與徐森玉、蕭龍樵等人至厚，在《琉璃廠雜記》中多次記載與其二人同遊琉璃廠，搜求古物；並遍訪京師明勝古迹及自然野趣之處。足迹遍及京師城區及郊野，如彰儀門之南河泡、景山、陶然亭、萬柳堂、夕照寺、寶塔寺、阜成門、石景山、馬鞍山、潭柘寺、翠微、西山等處。〔註 23〕

〔註 22〕 關於中國畫學研究會會長究竟是金城還是周肇祥，《1947 年中國美術年鑒》定爲周肇祥；許志浩《中國美術社團漫錄》定爲金城；雲雪梅《金城和中國畫學研究會》一文認爲「中國畫學研究的實際創辦人和首選會長，應是金城無疑，但由於畫會經費問題，金城將會長謙讓給與徐世昌關係密切的周肇祥，並請徐掛名爲名譽會長。」

〔註 23〕 據周肇祥《琉璃廠雜記》記載，周肇祥與蕭龍樵爲志趣相投的遊伴：
閏五月六日休沐，得半日閒，與龍樵、森玉作南河泡之遊。……（P48）
新曆九月二十日，清史館開第一次會議畢。偕龍樵、森玉、伯弢、獻之遊景山。（P53）
今冬多雪，時雪時晴。臘八後二日，休沐，早起，霽色明暖，鳥聲細碎。邀龍樵、森玉登陶然亭，望西山積雪，惜微霧，不甚可辨。（P57）
新華儲蓄票，三月十二日在先農壇開彩，傾城出觀，車馬塞途，我國人懷徼幸，於此可見。余與龍樵、森玉殊不可耐，因往訪萬柳堂，路過夕照寺（P60）
九月三日雨霽，天氣清鮮。強邀龍樵，同車出阜成門。阻泥淖，舍車而徒，過月壇，訪寶塔寺。（P75）
六月七日，爲靜宜園之遊，與森玉、龍樵、嘯莫俱出郭。（P114）
秋暑漸薄，宿雨初曦，西山綠雖老，翠未銷，猶是大好時。七月十二日，約千里、眉孫、寒梧、龍樵裹餞以遊。五輿二驢，往返百八十里，凡三日，贄將百番，可謂快遊矣。夫吾輩之遊，與俗士流連光景或驚虛而矜高者異。則其所紀，不能無詳焉，無雜焉。詳病冗，雜病凌亂，茲遊之紀，石景、馬鞍、潭柘各爲篇，潭柘之塔院另有述焉，重古德也。（P133）
自香山西南經萬安山抵翠微，多古招提，明代巨璫於此營葬，又清全盛時講武地。雖經咸光之變，而紺園香室，遺址猶存。此亦考古今、弔興衰者不容略也。七月二十又一日，偕眉孫、龍樵、韻韶往遊，眉孫之子樹功從。（P144）
入山不厭深，惟深故雄厚靈奇，幽盡其勝。暘臺、大雲、滴水巖、儻人洞皆西山深處也。森玉昔曾遊，爲語殊津津，同人乃有攜屐之約。森玉先一日發，

四、小結

《北平旅行指南》中的周肇祥是以官員畫家的面目出現的，作為「現代詩畫家」進行介紹，稱其「善畫山水、花卉，精研有年，畫梅尤所擅長。」〔註24〕但是他對於北京畫界的影響力多是出於其美術活動家的身份引發的。他自1920年與金城等人創立中國畫學研究會，1926年金城病逝後，金潛庵另立湖社。中國畫學研究會在會長周肇祥的治理下，至1947年發展到會員一千餘人，學成出任教職者百餘人，舉辦了成績展覽二十五次，參加各國展覽或博覽會十餘次。

對於古物周肇祥有著深厚的情感，並為保存國寶不遺餘力。「王府井梁估，專搜求古物售與外人。近從深州山寺訪得造像，高二尺餘，石質瑩白。立像三、惟佛光上半殘缺，雕刻古雅。……書體瘦勁，略兼分意，初甚居奇，往返磋商，卒以三十五番得之。暫存該估處，為一德國人所覬覦，屢來商讓。余保愛古物如手足之護頭目，況法像乎！囑梁估拒之，即日將石像移往方言學校。」〔註25〕為了保存古物，周肇祥自掏腰包，買下造像後，將其送往方言學校。

周肇祥認為文物保護和文化傳承是士人的文化責任。在《蜀遊雜俎》中他談及「保存古迹，守土者及士紳之責也。」〔註26〕

五、後記

本文即將撰寫完成之際，聽聞北京燕山出版社將再版《琉璃廠雜記》。燕山出版社工作人員稱1995年版《琉璃廠雜記》內容並不全面，盼望新版《琉璃廠雜記》早日面世。「周肇祥先生一生著述甚豐。已出版的有《東遊日記》、《補正四家墨刻簿》、《山遊訪碑目》、《故都懷古詩》等；未發表的手稿有《周養庵日記》、《山陰周氏世德錄》、《柳風堂墓誌目》、《柳風堂碑墓補》、《北魏明昌以下墓誌銘》、《石目彙編》、《遼金元古德錄》、《遼金元官印考》、《娑羅花樹館題跋》、《簠齋藏鏡》等等。這些手稿現藏於北京市文物研究所。」

七月二十又四日與眉孫、龍樵、千里、韻韶、拓工楊彝尊驅車至竇山。（P148）鞠人師相卜居河南輝縣，置田宅，長子孫矣。曾約挈龍樵往遊，為繪「水竹邨圖」。（P202）

〔註24〕 馬芷庠：《北平旅行指南》經濟新聞出版社，339頁。
〔註25〕 周肇祥：《琉璃廠雜記》，燕山出版社1995年版，13頁。
〔註26〕 《藝林月刊》第105期第6頁，轉引自徐翎《〈藝林〉雜誌研究》，中國藝術研究院2009屆博士論文，80頁。

〔註27〕隨著周肇祥手稿的整理和出版面世，對周肇祥的瞭解和對民國北京畫壇的瞭解必將更加深入。

〔註27〕葉芷：《周肇祥舊藏拓片整理札記》，《收藏家》1996 年第 3 期，59 頁。

蕭愻畫作賞析

　　蕭愻是民國時期著名的山水畫家，由近師姜筠、陳昔凡，轉而廣益多師，其師法對象非常廣泛：有董源、巨然、關仝、米芾、米友仁、趙令穰、王詵、黃公望、王蒙、倪瓚、吳鎮、趙孟頫、高克恭、方從義、徐幼文、石濤、梅庚、龔賢、王翬等。本文通過數幅蕭愻山水畫作，分析其山水畫風格演變的三個階段：早年風格、中年變法，參以西法。

一、早年師承及畫風

　　蕭愻（1883～1944 年），字謙中，號大龍山樵，一作龍樵，安徽懷寧人。早年來京隨同鄉姜筠、陳昔凡學畫。蕭愻為姜筠表侄〔註 1〕，多為其代筆〔註 2〕。「舊京畫壇，先以姜穎生、林畏廬兩人為巨擘。」〔註 3〕蕭愻後出遊西南、東北名勝，行萬里路，開闊藝術視野。回京後實施了「中年變法」形成了個人風格突出的「蕭派」繪畫藝術。

　　姜筠（1847～1919 年）字穎生〔註 4〕，別號大雄山民，安徽懷寧人。光緒十七年（1891 年）舉人，官禮部主事。姜筠是晚清民國京師最有影響力的畫家之一。其山水初無師承，後專學王翬，書法蘇軾，兼善篆刻。「黃賓虹認為『京

〔註 1〕于安瀾：《姜穎生先生作品收藏記事》一文寫道姜穎生「在當時畫名甚高，與蘇州顧麟士（鶴逸）並稱南北兩大畫家。晚近著名山水畫家蕭謙中係姜先生表侄，為其衣缽弟子。」詳見《美術研究》1997 年第 2 期，62 頁。

〔註 2〕在邢捷《蕭愻書畫鑒定》一書中談到「姜筠晚年沉醉於麻將牌而疏於繪事，故請學生蕭愻代筆。」

〔註 3〕蘇華：《姚華——舊京都的一代通人》，《書屋》1998 年第 3 期，42 頁。

〔註 4〕據俞劍華《中國美術家人名辭典》「姜筠」條目載：「姜筠（1847～1919）字穎生」依據目前所見姜筠畫作，其字號當為「穎生」。

師近二十年來，畫家無不崇尚石谷』的風氣均與姜筠的倡導有關。」〔註5〕

陳衍庶，字昔凡，安徽懷寧人。能書善畫，畫宗王翬，與姜筠齊名。

據邢捷編寫、徐文治補編的《蕭愻年譜》所載，現藏於安徽省博物館的《山水橫》〔註6〕為現今可見的蕭愻最早的畫作，該畫年款為「戊戌」年，蕭愻時年十六歲。因此作未經刊出，所以畫風不明。

圖1　蕭愻《山水卷》綾本 縱 40，橫 192.7 釐米 首都博物館藏

蕭愻 1907 年（二十五歲）所作的《山水卷》。全圖以水墨作平遠山水，煙江疊嶂、樹木蒼鬱、林屋小橋、櫛比農田、村中小路、坐臥人物。全畫構圖飽滿、景物豐富。署款「丁未（1907 年）初秋，老髯道兄屬董文敏煙江疊嶂圖。籌燈為此，數夕而成。未悉有虎賁中郎之似否。蕭愻。」鈐「蕭愻印」白文印，「謙中」朱文印。此為蕭愻早年作品，雖題臨摹董文敏《煙江疊嶂圖》，但山樹造型、筆法、墨法顯得刻板稚拙。

〔註 5〕楊丹霞：《民國時期「京派」山水畫溯源》，《美術》2005 年第 8 期，92 頁。
〔註 6〕邢捷編、徐文治補編《蕭愻年譜》，《新美域》2006 年第 3 期，139 頁。

圖 2　姜筠《仿王原祁山水圖軸》　紙本　縱 97.5，橫 30 釐米　首都博物館藏

　　姜筠《仿王原祁山水圖軸》淺絳山水。全圖山脈取「之」字形構圖，山峰綿延雄偉，樹木蒼鬱挺拔，亭臺屋舍散落其間。此畫林紓自題仿王原祁筆法，山石用長披麻皴，橫豎筆點苔，筆法嫺熟，墨色滋潤。山石屋宇以淡赭色暈染，部分樹冠以淡花青色罩染。設色清麗雅致。上題「樹黏青靄合，崖夾白雲濃。仿麓臺司農法。辛亥（1911 年）正月花朝日。大雄山民姜筠。」鈐「臣筠之印」朱白文印，「穎生」朱文印。

圖3　《仿王石谷山水紈扇》

　　陳昔凡繪《仿王石谷山水紈扇》，近景爲松林，中遠景爲雲氣隔開的遠山和屋宇。因圖片取自《湖社月刊》，所以不辨此作是設色還是水墨，但是畫面

層次分明。

　　蕭愻1918年所作《西山水源頭圖成扇》繪崇山峻嶺，畫中近景小道上一策杖之人緩步而行，中景一幽僻小院位於畫面中心，以小橋連通河邊兩岸，一條蜿蜒小徑由隱居之所直達蘭若。遠景為群山。全畫以四王筆法繪成，層次豐富，設色淡雅。上題「西山水源頭，乃孫退谷〔註7〕卜居之所，髯兄訪得遺址，築屋數椽以寄遐思，爰圖其大略請正，乃余風雨孤燈中，臥遊之一景也。戊午（1918年）五月，蕭愻。」

　　在周肇祥《琉璃廠雜記》一書中記載了周肇祥邀遊蕭愻及志趣相投的好友，遍訪京師明勝古迹及自然野趣之處。他們足迹遍及京師城區及郊野，如彰儀門之南河泡、景山、陶然亭、萬柳堂、夕照寺、寶塔寺、阜成門、石景山、馬鞍山、潭柘寺、翠微、西山等處。

圖4　蕭愻《西山水源頭圖成扇》　紙本　首都博物館藏

〔註7〕北京西山壽安山退谷（櫻桃溝）為清初孫承澤退翁書屋舊址，周肇祥愛其風光，置別墅一區，號鹿岩精舍，內有水流雲在之居、石檜書巢、黛山亭、水源頭白鹿岩諸勝，春秋佳日，少長咸集，為西郊之一大景區。《藕廬詩草》中有《遊退谷》一詩「古寺西來松柏香，言尋退谷舊書堂。山花競雨飄金粉，野竹凌風戛翠瑲。茶熟幾回吟蟹眼，草生一徑繞羊腸。輞川別有詩中畫，分得餘輝到硯旁。」

從蕭愻《西山水源頭圖成扇》與姜筠《仿王原祁山水圖軸》、陳昔凡《仿王石谷山水紈扇》局部比對中可看出，蕭愻早年畫作仍是師法姜穎生、陳昔凡「四王式」風格。山巒一般採用傳統「之」字型構圖，取山勢蜿蜒逶迤之姿；設色用淺絳法，以赭石暖色調爲主，畫面明麗淡雅；在皴法上，都是濕筆淡墨披麻皴；在點苔方式上，雖三人都採用橫筆點苔法，但姜、陳二人的橫筆點苔筆觸更實，而蕭愻的橫筆點苔筆觸更輕鬆細碎；在山石結體方面，蕭畫更近於陳畫。

圖 5　畫作局部比對（蕭愻左，姜筠中、陳昔凡右）

二、中年變法——由擬古而化古

《中國美術家人名大辭典》中「蕭愻」條目爲胡佩衡所撰寫，胡佩衡寫蕭愻早年隨姜筠習畫，後離京。「三十八歲復回北京，見展覽會中石濤、半千、瞿山畫，氣韻雄厚，遂一捨舊習，自創一格。」學畫之道大抵有三：師今人、師古人與師造化。蕭愻由師法姜筠而上述前代名家，實施了「中年變法」。蕭愻的師法對象非常廣泛：有董源、巨然、關仝、米芾、米友仁、趙令穰、王詵、黃公望、王蒙、倪瓚、吳鎮、趙孟頫、高克恭、方從義、徐幼文、石濤、梅庚、龔賢、王翬等。

蕭愻作於 1928 年（戊辰）的《山水冊》共十二開，屬於蕭愻中年時期由擬古而化古，形成自家風格的代表作品。

圖繪山巒屋宇，淺絳設色。繪深遠山水，似由近山山巔鳥瞰遠山，但見群峰疊嶂、水流曲折、樹木茂密、林屋小亭、羊腸山路。全畫構圖飽滿、下實上虛、景物豐富。畫面無款署，僅在一角鈐蓋「龍樵」白文印。此開近景山石用石濤筆法，樹似龔賢「黑龔」筆墨法，遠山似米式雲山，設色有四王「恬靜」之氣。

圖 6-1　蕭愻《山水冊》（之一）　紙本　縱 28.7，橫 22 釐米　首都博物館藏

　　圖繪孤舟懸崖，取一江兩岸式構圖，近景處石坡古塔，中景是滔滔江面，遠景繪在峭壁間穿行的孤舟。鈐「蕭愻」白文印。此開純以水墨爲之，山石造型似吳彬、陳洪綬的方硬結晶式山型變體；皴法取倪瓚折帶皴；用墨有「黑

龔」厚重之感。

圖 6-2　蕭愻《山水冊》（之二）　紙本　縱 28.7，橫 22 釐米　首都博物館藏

　　圖繪山中高士，小青綠山水，清泉高閣，高士憑窗遠眺。畫面峭壁直上
直下，取勢似北宗造型，山石用線盤曲，類於卷雲皴的變體。設色，以赭石

作底色敷染山石，局部復染以表現山石凹凸；在此基礎上，近山用草綠、石青渲染前後關係。遠山用灰綠色渲染。鈐「龍山蕭愻」白文印。

圖 6-3　蕭愻《山水冊》（之三）　紙本　縱 28.7，橫 22 釐米　首都博物館藏

　　圖繪山中伽藍，淺絳設色，採取深遠構圖，畫者由遠山憑眺。深山蘭若，

孤舟江海。畫面一角近景處兩山夾道，山勢高而陡峻，兩山深谷間白練般的羊腸小路，時斷時續，峭壁林坳中隱現蘭若紅牆綠瓦。觀者目光由蘭若再向遠眺，江水空寂，孤帆橫渡。前景繁複，遠景疏朗，形成繁與簡、縱與橫、實與虛的多重對比。鈐「謙中」白文印。此開用石濤筆法與黃公望淺絳設色之法。

圖6-4　蕭愻《山水冊》（之四）　紙本　縱 28.7，橫 22 釐米　首都博物館藏

圖 6-5　蕭愻《山水冊》（之五）　紙本　縱 28.7，橫 22 釐米　首都博物館藏

　　圖繪山中林屋，畫面景物簡略，近景處爲山溪坡石以及巨樹掩映中的林屋，遠景爲茂密叢樹。鈐「謙中」朱文印。蕭愻的積墨法由「黑龔」而上溯吳仲圭的濕墨法，濕筆重墨，層層積染，墨色沉鬱，體現南方山水霧氣彌漫、

植被豐茂，蒼翠欲滴之貌。張慈生先生曾說「黑蕭怎麼畫得那麼好，黑中透亮，層次分明，絕不是死黑一塊，用墨是關鍵，是畫好黑蕭的秘訣，他是先用松煙墨勾線，染色以濕地法，用油煙墨渲染至少三遍，皴擦的遍數更多。油煙、松煙墨物性不同，各顯其性。不會相互融合成死黑一團。」〔註9〕

三、參以西法

「能借古人經驗以求進，參異域技術以求博，不抑所長，不喪所守，勤於研討，觀察練習，而不預標一格以自畫。」〔註10〕這是鄧和甫發表於《湖社月刊》中《拙園論畫》的觀點，從中可以見當時畫人對於繪畫取法對象所採取的「古為今用、洋為中用」開放性的態度。傳統中國山水畫講求佈局安排的「開闊起伏」，也就是圖中的山、水、樹、石、屋宇、人物的安排，講求賓主、結散、轉折等等，以此營造出「臥遊」的獨特意境。而現今所見的蕭愻畫作中有些佈局安排並不合古法，可能是對西法有所借鑒後所得。在蕭愻五十歲以後所作的《柳蔭歸渡圖》題跋中已談及西法〔註11〕，「吾人從事西畫，覺輕而易舉。倘使西人作中畫，恐不能下一筆。此戲擬西法，不識有贊者否。蕭愻。」款識中談到「戲擬西法」，檢閱蕭愻的山水畫作，其中確實有一些畫作，從構圖、布景、設色上在傳統山水畫作中未曾見過。可見對於「西法」蕭愻雖稱為「戲擬」，但是確有取法。

〔註 9〕 轉引自張傳倫：《黑團團裏墨團團 黑墨團裏天地寬 蕭謙中重墨山水略論兼及李可染先生》，《新美域》2006 年第 3 期，127 頁。

〔註10〕 鄧和甫：《拙園論畫》，《湖社月刊》第一至十冊（影印版），天津古籍出版社2005 年版，總 104 頁。

〔註11〕 圖版詳見張傳倫：《黑團團裏墨團團 黑墨團裏天地寬 蕭謙中重墨山水略論兼及李可染先生》，《新美域》2006 年第 3 期，112 頁。

圖6-6　蕭愻《山水冊》（之六）　紙本　縱28.7，橫22釐米　首都博物館藏

　　圖繪夕陽秋景，紅霞映天，一白衣高士策杖緩行於林中小路。鈐「蕭愻」白文印。此開淺絳設色，畫面中心一條曲折的羊腸小路將畫面一分為二，小路兩側林木高聳，一持杖白衣人正走向密林深處。樹葉正由綠轉黃，遠處叢

樹青山依稀可見，紅輪西墜，山林都被染上一抹淡淡的胭脂色，近景與遠景用雲氣隔開。樹木枝幹用淡墨鈎線，敷染赭石色，後用重墨乾筆提勒樹幹。樹葉用赭石、汁綠色點叾。小路兩側的坡石雜草表現方法不盡相同。全圖似在竭力營造一種縱深的空間感。

圖 7　蕭愻《觀瀑圖》紙本　縱 148.5，橫 41.5 釐米　首都博物館藏

　　圖繪深山飛瀑，上題「溪澗豈能留得住，終歸大海作波瀾。己巳新秋，大龍山樵蕭愻。」鈐「懷寧蕭愻章」白文印。狹長的幅面上，在森鬱的山岩和茂密植被的夾持之下，瀑布千丈飛落於溪澗。畫面構圖新穎，飛瀑位於幅面的中間，兩側的山岩灌木因飛瀑的出現，被平分左右。畫面中出現了黑與白、繁密與簡潔；橫線與縱線的層層對比，視覺衝擊力極強。山得水而活，得草木而華，此圖盡寫南方山水的秀媚氳氲。

　　「泉之寫法，謂畫泉須先泉後石，則廣狹隨意。若先將左右山石鈎好，則泉受拘束。不易生動。」〔註 12〕「古人畫崇山峻嶺，層巒疊嶂。其相互接合處，必有一、二虛懸，留以空白。籠罩樹林，渲染淡色，以取煙靄氳氲之象。倘山山緊湊，不留餘罅以透氣，則窒息不憲，生動之氣絕矣。」〔註 13〕

　　細觀此畫的山、泉取勢，並未完全照搬前人成法。兩側山勢雖無明顯的宗主從屬之分別，但兩山夾峙的奇峰峭壁盡呈顧盼朝揖、偃蹇背卻之貌；水隨山勢，飛瀑潺湲忽直忽彎、忽隱忽現，盡顯盤曲委婉之態。

　　郭熙《林泉高致》畫訣曾載「凡經營下筆，必合天地。何謂天地？謂如一尺半幅之上，上留天之位，下留地之位，中間方立意定景。見世之初學，遽把筆下去，率爾立意，觸情塗抹滿幅，看之填塞人目，已令人意不快，那得取賞於瀟灑，見情於高大哉！」〔註 14〕郭熙的《林泉高致》體現了傳統山水的創作理念。胡佩衡曾評價蕭愻的山水畫「布置太密，缺靈疏之氣。」

　　通觀歷代山水畫，蕭愻此種有「填塞」之感的繁密構圖以及山泉水流的經營位置在傳統山水畫確屬少見，其很多山水畫作的構圖布景似有「密不透風」之感，畫面中的鋪設布景，也是不厭其詳的勾皴積墨。但是此種「密」並不會讓觀者有「擁塞」之感，而是感覺畫面富於張力；且此種充實飽滿的佈局構景正是蕭畫的精髓所在。

〔註 12〕 王學庸：《習畫日記》，《湖社月刊》第一至十冊（影印版），天津古籍出版社 2005 年版，總 133 頁。

〔註 13〕 金城：《畫學講義》，《湖社月刊》第一至十冊（影印版），天津古籍出版社 2005 年版，總 156 頁。

〔註 14〕 郭熙：《畫學集成（六朝——元）》，河北美術出版社 2002 年版，300 頁。

王叔暉工筆仕女畫風格溯源

　　王叔暉是老一輩著名的女畫家，也是新中國成立後最早以工筆重彩形式從事連環畫創作，對連環畫藝術的提高做出重大貢獻的一位。本文通過對王叔暉早年的臨摹畫作和解放後創作的繪畫進行分析研究，梳理出王叔暉仕女畫的繪畫風格、典型形象、技法規律和師承淵源。

一、生平、師承及作品介紹

　　王叔暉（1912～1985 年），字郁芬，原籍浙江紹興，生於天津，定居北京。自幼酷愛繪畫，15 歲入中國畫學研究會。解放後曾在人民出版委員會、人民美術出版社工作。王叔暉專攻人物畫，所創作的人物畫中絕大多數是以女性為主角的仕女畫，兼有少量以男性為主角的作品，以及嬰戲題材作品、現實題材和寫像等。

　　王叔暉繪製的連環畫《西廂記》、《孔雀東南飛》、《梁山伯與祝英臺》、《楊門女將》等作品已成為新中國連環畫史以及連環畫愛好者心目中的經典。1954 年為了配合中華人民共和國新婚姻法，宣傳婚姻自由，王叔暉創作了 1 套 16 幅工筆重彩連環畫《西廂記》，「在我國建國初期，以工筆重彩形式繪製連環畫還是一個空白，王叔暉是較早嘗試這一領域的為數不多的畫家之一。」〔註 1〕這套作品色彩豔麗典雅，人物形象生動傳神，在當時產生了強烈的社會反響。潘絜茲先生曾這樣評價「王叔暉是老一輩著名的女畫家，也是新中國成立後最早以工筆重彩形式從事連環畫創作，對連環畫藝術的提高

〔註 1〕李天慧：《盤點逝去的夢——淺談王叔暉連環畫〈西廂記〉的藝術成就》，《吉林藝術學院學報》2004 年第 3 期，15～16 頁。

做出重大貢獻的一位。她的《西廂記》運用極其嫻熟的傳統技法，細膩而生動地刻畫了人物的形象，再現了千古傳誦的愛情故事，稱得上是一部劃時代的傑作，是可以和王實甫的《西廂記》名劇百世並傳的……中國連環畫史將永遠記載她的創辟之功和這部代表作品。」〔註2〕正是因為王叔暉採用傳統人物畫方式進行連環畫的創作，使當時「一度『不吃香』的工筆重彩畫，重沾雨露，並推向一個繪畫發展史的新高度。」〔註3〕

　　王叔暉15歲來京後經遠親吳光宇〔註4〕的介紹，加入了中國畫學研究會，師從徐操、吳光宇。她在中國畫學研究會接受了系統正規的傳統繪畫訓練，打下了紮實的繪畫基本功，成為北京畫派〔註5〕中人物畫家的代表之一。

　　徐操（1899～1961年）原名存昭，18歲前後更名為「操」，同時取字「燕孫」。祖籍河北省深縣徐家灣，出生於北京。中學畢業後，進入北洋政府總統府庶務司文牘課充任辦事員，後升課員。在總統府任職時由於徐世昌好畫，而被引進「中國畫學研究會」。此期間徐操繼續學習，入中央法政專門學校攻讀法律。1922年徐世昌下野，徐操亦隨之去職。從法政專門學校肄業後，曾於步軍統領衙門任統計科、天津警備司第一師師部短暫任職。20世紀30年代走上了職業畫家的道路。徐操在其《自傳》中敘述學藝經歷「我從事繪畫，始於家庭專館念書時代，一直到中學始終未嘗放棄，但亦未嘗精修。在總統府任職時期，因為徐世昌好畫被引進（中國畫學研究會）……繪畫的基礎正是這一時期自行愛重而有所奠定的。其原因第一是特殊的機會，當時由於環境的方便，使我把遜清宮內收藏的珍迹借將出來，親摹手炙不少。第二是畫

〔註2〕 轉引自李寧：《閨香筆墨秀美人 獨具一格立畫壇——女畫家王叔暉的傳奇人生》，《收藏界》2011年第3期，93頁。

〔註3〕 孟慶江：《工筆畫家王叔暉》，《美術大觀》1996年第4期，6頁。

〔註4〕 「王家有個遠親叫吳光宇，那年剛剛20歲（吳日後成了繪畫大家），與畫界人士熟悉，由他介紹，王叔暉進了中國畫學研究會學習繪畫。」轉引自李寧：《閨香筆墨秀美人 獨具一格立畫壇——女畫家王叔暉的傳奇人生》，《收藏界》2011年第3期，97～98頁。

〔註5〕 北京畫派是以北京地區為中心，具有一定的區域集結性的畫家群體的總稱。舊京畫壇的人物畫就目前所見到的作品分析，可分為改良派（革新派）與國粹派（傳統派）。改良派要求以寫實的精神合中西來改良中國畫」，如陳師曾繼承宋代風俗畫傳統，描繪北平人民生活狀態的舊京風俗。蔣兆和採取「中國紙筆墨，而施以西畫之技巧」的彩墨畫、徐悲鴻的人物寫生畫作。國粹派如俞明、管平湖、徐操、關松房、葉昀、陳緣督、劉凌滄、吳光宇、陳少梅、黃均、王叔暉等人雖作品風格各有不同，但均堅持的傳統筆墨與題材。

學會的鼓勵加強了我自修的進步。」作為 20 世紀重要的人物畫家，徐操的人物畫有白描、淡彩、重彩多種面貌。徐操曾任京華美專教授、國立北平大學藝術學院講師、北京中國畫研究會副主席、中國美術家協會創作委員會中國畫副組長、民族美術研究所研究員，北京文聯理事。1956 年參與籌建北京中國畫院工作。1957 年任北京畫院副院長，1961 年病故。

　　吳光宇（1908～1970 年）原名顯曾，字光宇，以字行。吳熙曾之弟。浙江紹興人。幼喜繪畫，1926 年入北京中國畫學研究會，師從徐操。曾任教於北平國立藝術專科學校、京華美術學院。解放後入北京畫院工作。擅人物畫，工寫結合，個人風格雄麗灑脫、剛健婀娜。曾與其兄吳鏡汀在北京等地舉辦聯合畫展。

二、作品分析及風格溯源

　　王叔暉人物畫有其典型的形象塑造和成熟的創作技法，經過對徐操、吳光宇與王叔暉仕女畫作的分析，可以看出王叔暉與徐、吳二人在仕女畫創作中的異同之處，並且筆者發現了一幅王叔暉 1930 年的臨摹之作，可揭示出王叔暉人物獨特的開臉設色方式的來源。

1、王叔暉人物畫形象塑造中的開臉、設色以及身姿形態等特徵

（1）開臉

　　金城在《畫學講義》中談到「人物最難於開臉，蓋貧富窮通精神志趣，自將相隱逸，至於輿臺皂隸，無不於臉上分之。」〔註6〕傳統人物畫講究開臉，

圖 1　徐操、吳光宇、王叔暉人物畫局部

〔註 6〕金城：《畫學講義》《湖社月刊》第五八冊（影印版），天津古籍出版社 2005 年版，總 939 頁。

通過面部刻畫表現微妙的心理活動，畫家的審美觀和對於女性理想美的闡釋都是通過仕女畫的開臉及體態表現出來的，仕女畫較少寫實、激烈的動態。仕女畫的題材多取自古典文學作品和民間傳說等。

　　從仕女畫的姿容面貌上（圖1），可見吳光宇與徐操人物畫的開臉相似，仍存有改琦、費丹旭仕女畫〔註7〕中頦角尖削的瓜子臉型和雙眉下垂的嬌弱之容。而王叔暉沒有延續此種臉型與眉型，她突破了古典人物畫的表現範式，創作出面型飽滿、雙眉英挺的仕女形象，在注重傳統女性端莊美的基礎上更加強調其積極向上的精神面貌。而對於仕女畫中慣常的一點櫻唇，王叔暉無疑是認同並繼承下來了。有學者評述王叔暉對人物形象塑造手法進行了創新。「人物的鼻梁，古人的手法是由眉毛線往下延伸，而王叔暉改為眼角處往下延伸，因此產生了一種空間，使人物的面部立體感增強。」〔註8〕實際上這種由「人物鼻梁由內眼角處向下延伸」的手法並不是王叔暉首創，在徐操〔註9〕和吳光宇的畫作中已經使用這種手法，可見王叔暉對只是此種手法的繼承和發展者，而非首創者。

（2）設色

　　通過渲染臉部的凹凸起伏的設色方式，表現出仕女臉部的立體感及氣色姿容。同樣採用「三白法」〔註10〕渲染面部凸起部位，王叔暉與徐操的渲染位置略有不同。徐操以白粉染仕女額、鼻以及由下頦到兩腮的位置。王叔暉是僅染額、鼻和下頦。吳光宇與王叔暉的白粉渲染位置相同，只是吳光宇在白粉渲染的基礎上又罩染了膚色，以求緩和臉妝的對比效果。在渲染臉部低凹的打底部位（眼周和兩頰部位），徐操和吳光宇使用赭石、洋紅，而王叔暉

〔註7〕「有清一代樹立的仕女類型中，以嘉、道年間改琦、費丹旭創造的『病態美人』最具典型性，並富有時代特徵。……由改琦、費丹旭等名家創造的『病態美人』，就體現了這種審美理想。纖瘦柔弱的姿容，雖少端嚴穩重，亦不輕浮俗媚，如若柳扶風，楚楚動人。情感意態則多愁善感，或幽怨惆悵，或寂寞淒涼，或傷春悲秋，或慵懶倦怠，纏綿悱惻而又矜持含蓄。方顯『明姿雅度，得靜女幽閒之態。』藝術形式崇尚細巧秀逸，筆墨疏秀清靈，色彩淡雅明快，亦恰當表現出女性輕柔細弱的儀姿，纖不傷雅。」轉引自單國強：《古代仕女畫概論》，《故宮博物院院刊》1995年第1期，44～45頁。

〔註8〕孟慶江：《工筆畫家王叔暉》，《美術大觀》1996年第4期，6頁。

〔註9〕徐操畫作中人物的鼻梁勾線是由眼角處向下延伸，只是在設色上強調了由眉毛至眼角的部位。

〔註10〕「三白法」是指用較厚的白粉渲染臉部凸起的額頭、鼻梁、下頦部位，以求表現仕女濃妝的藝術效果。

僅使用朱膘。上世紀八十年代北京科學教育電影製片廠為王叔暉拍攝了紀錄片《王叔暉工筆人物畫》，片中畫家談到「為了使膚色接近真實自然，我喜歡只用朱膘打底，不用洋紅和胭脂。渲染時由眉弓直到臉額。其餘的地方不染，留下空白。」當時很多人物畫家的工筆人物畫使用赭石、洋紅、或是洋紅、朱膘、藤黃的調和色進行仕女臉部渲染。王叔暉此種「只用朱膘打底」的設色方式特立獨行。這種帶有王叔暉鮮明個人特色的人物畫設色方式是不是她所首創的呢？一件王叔暉十九歲時繪製的手卷，揭示出答案。

圖2　王叔暉摹《觀音卅二相卷》（局部）　絹本　首都博物館藏

　　王叔暉摹《觀音卅二相卷》繪觀音大士三十二應身。署款「蓉江周禧十五歲摹觀音大士三十二相。庚午（1930 年）八月紹興王叔暉重摹，時年十九謹並記。」鈐「王叔暉」朱文印。全卷未繪背景，畫中觀音應身寬額廣頤，體態端莊，衣紋線條剛柔並濟，細勁流暢，富於節奏韻律感。人物面部以淡墨勾出輪廓，用白粉染額、鼻、頦，用朱膘由眉弓下方至兩腮進行渲染，最後用白粉加朱膘罩染面部。從王叔暉的題記中可知，此卷為周禧初摹，王叔暉再摹。周禧（1624～約 1705 年），又作周淑禧，號江上女史，江蘇江陰人。其父周榮起（1600～1686 年），字研農，為江陰縣諸生，工於詩文、篆書，擅繪江南迷蒙之景。其姊，周淑祜。祜、禧姐妹自幼習書畫。周禧善佛像、鞍馬。《明畫錄》載其「寫觀音大士最工，心通意徹，非師受所可思議。」周禧十五歲時（1639 年）臨摹了《觀音卅二相卷》，王叔暉十九歲時（1930 年）再次臨摹了周禧的臨本，如今已無從知曉周禧所摹的《觀音卅二相卷》原做到底是何人所作，但既然是臨摹就要忠實於原作，從《觀音卅二相卷》中觀音應身的形象及設色方式推斷，此卷的原作應創作於明代。此種「只用朱膘打底」的明人宗教繪畫臉部設色方式，被王叔暉繼承並改進，並成為王叔暉工筆人物畫開臉設色方式的典型範式。

圖3　徐操、吳光宇、王叔暉仕女畫

（3）身姿形態

　　徐操、吳光宇、王叔暉的畫中仕女均身型曼妙，骨肉勻挺，擺脫了改琦、費丹旭式的「長頸削肩」孱弱體態。既保留了傳統仕女畫中含蓄溫婉的形象特徵，又顯示了女性的健康美。

2、筆法

　　用筆方式即筆法。徐操、吳光宇、王叔暉三人的人物畫均講究筆法和筆力，顯示出畫家紮實的線描功底，畫作行筆流暢矯健，用筆清晰肯定，線條縱逸有力，能夠根據畫面的不同物象，採用相應的筆法和描法。相較而言，不知是否因其男性畫家的身份，徐操、吳光宇二人用筆更加迅疾豪放，富於力量感，襯景多兼工帶寫；而王叔暉以其女性畫家特有的細膩，用筆謹致精工，柔細挺拔，清麗虯勁，富於鮮明的節奏和韻律。襯景多描繪繁複的屋宇，

將人物畫與界畫相融合

三、小結

　　作爲人物畫中的一個分支，仕女畫在塑造美人這一共性要求下，在時代審美的推動下，創造出許多具有典型意義的形象。每個成功的畫家能夠脫穎而出，都因其既有紮實的藝術功底，又兼具鮮明的個人特色。王叔暉畫中的女性形象突破了古典仕女畫的表現範式，在注重傳統女性端莊美的基礎上更加強調其積極向上的精神面貌；的創作技法上，從筆法到設色都有屬於自己的創作規律，並將女性畫家的柔情融入其中，描繪出典雅鮮活的經典女性形象。

關於俞明卒年問題的探討

　　俞明是民國時期北京畫壇人物畫家之一，其人物畫面貌多樣，有繼承余
集、費丹旭纖柔風格的，有追溯傳統李公麟、錢選宋元風度的；有學習陳洪
綬、三任變體風貌的；更有吸收融合漢魏畫像石雄健之風的。偶讀周刃《俞
明生平及其繪畫》，文中認爲俞明卒於 1936 年。本人聯繫首都博物館藏俞明
臨摹李公麟《九歌圖卷》中徐宗浩跋語，探討俞明卒年問題。

　　俞明，字滌煩，江蘇吳興人，俞原〔註1〕侄。幼年曾在上海學習水彩畫。
屬於我國最早接觸西畫的畫家之一。因叔父俞原的關係，俞明於滬上結識了
褚德彝、吳昌碩、金城等人。俞明人物畫初學余集、費丹旭，後聽從褚德彝
建議，從漢魏畫像石中吸收營養，加以融合。除此外，俞明的畫中，還可追
尋到對陳洪綬、三任的學習。加之受金城之邀，北上京城，在古物陳列所臨
摹了大量前人佳作，從李公麟、錢選等人的作品中吸收營養。由此形成了獨
特的人物畫風格。作爲民國時期北京畫壇爲數不多的人物畫家，俞明有其特
殊地位。

　　據俞劍華《中國美術家人名辭典》俞明條目載「俞明（1884～1935）藝
林年鑑作（1885～1936）」，可見對於俞明的生卒年有兩種說法。關於俞明的
出生年月，周刃在《俞明生平及其繪畫》〔註2〕一文中談到俞明有方「鏡人生
甲申寅月之初」，可見俞明生於 1884 年。對於俞明的卒年，周刃談到俞明《酣

〔註1〕俞原（1874～1922 年），字語霜，號女床山民，浙江湖州人，寓上海賣畫爲生。
　　　　擅長山水、人物、花卉，追摹道濟作風而有新意。與吳昌碩等人創海上題襟
　　　　館金石書畫會。
〔註2〕《俞明生平及其繪畫》一文詳見《收藏家》2005 年第 9 期。

睡圖》後褚德彝長跋，現轉錄如下「此俞滌煩遺畫也。滌煩爲予友語霜從子，辛亥予自燕至滬，始晤君於語霜寓中，時年逼二十餘，天資聰俊，好畫人物、仕女。以畫冊見示，知其喜學費子苕、余秋室一派，所作頗爲纖麗，予告以取法乎上僅得乎中，若取資近人必流爲俗媚。君頗然予言。余又示以漢武梁祠畫像石及魏齊遺像拓本，君悉心參考，數月之後見其衣紋古勁與初見時大不同矣。金北樓在內部時管理武英殿所陳書畫，以書屬君北上襄理，見唐宋名畫益多。南趨後，所作駸駸古堂奧。此仕女冊八頁，各態無不俱備，補景著色精妙，幾欲上合宋人。君今夏病歿，年僅五十有二。邦達爲君入室弟子，藏君畫甚富也。丙子（1936 年）十二月褚德彝記。」〔註3〕褚德彝題跋中談到徐邦達，此作或爲徐邦達舊藏，邀褚德彝作跋。由此長題周刃得出俞明「卒於丙子年夏（1936 年）的結論。」

褚德彝（1871～1942 年）原名德儀，字守隅，號禮堂，別號漢威，浙江餘杭人。精金石考據，嗜古博物，尤精篆刻，沉著遒勁，筆力橫絕。工畫，寫梅花寒香冷豔。著有《竹人續錄》。

由褚德彝丙子年（1936 年）的跋語可得出結論，在上海時的青年俞明，聽從得褚德彝建議，爲避免因學習改琦、費丹旭、余集一派的柔弱纖麗畫風而流入俗媚，轉而取法漢武梁祠畫像石及魏齊遺像拓本，繪畫面貌由此改觀。褚德彝可算俞明藝術之路上的一位引路人。大約 1914 年，俞明受金城邀約北上，在古物陳列所臨摹了大量名作，在參照唐宋名家畫作後，形成面貌多樣的人物畫風格。

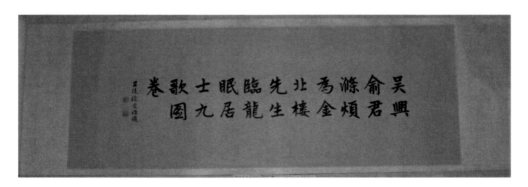

圖 1 《吳興俞君滌煩爲金北樓先生臨摹龍眠居士九歌圖卷》
（《九歌圖卷》引首）

〔註 3〕周刃：《俞明生平及其繪畫》，《收藏家》2005 年第 9 期，46 頁。

圖2　《九歌圖卷》中《湘夫人圖》局部 紙本

　　首都博物館藏《九歌圖卷》，水墨人物。此卷引首由徐宗浩題寫《吳興俞君滌煩爲金北樓先生臨摹龍眠居士九歌圖卷》（圖 1）可見此爲俞滌煩臨摹李公麟《九歌圖卷》。《九歌圖卷》中《湘夫人圖》一節（圖 2），畫面中兩仕女立於林中，衣裙飄曳，樹葉飄零，一派蕭瑟景象。畫面山石樹木的畫法，可見宋人氣度，但人物造型與宋代人物相比，更加飽滿豐腴，似有唐風遺韻。全畫無款識，後有徐宗浩長跋，考證畫作內容，追憶俞明與金城（題跋晚於畫作十餘年）。

　　此徐宗浩題跋最爲重要的是提及了俞明的卒年問題，現轉錄如下「吳興俞君滌煩寫人物妙絕一世，昔時同客京華。每得傑作，輒索題識。此爲北樓先生臨李龍眠九歌圖，尤有出藍之能。北樓在日，即屬余題字，因循未果。今北樓歸道山已逾十載，而滌煩亦於乙亥（1935 年）十月仙去。偶一思及，不勝黃壚之感。今年夏初過墨茶閣，潛庵出此卷，重申前請。回思曩日，悟言之樂如在目前。而忽忽二十寒暑矣。歲月不居，陵谷可懼，遂欣然爲書贊如右，酬志交誼，工拙不計也。」徐宗浩談到俞明歿於乙亥十月，即 1935 年十月。徐宗浩 1935 年到訪金家墨茶閣時，因金潛庵出示此卷，並重申了金城當年的題字之請，因此書寫了長題。

　　徐宗浩（1880〜1957 年）字養吾，號石雪，原籍武進，久居北京。善畫山水、蘭、竹、松，工篆刻，亦精裝潢字畫碑帖。畫竹尤勝，著有竹譜、《石雪齋詩稿》。書法趙孟頫。1920 年與金城、周肇祥等人組中國畫學研究會，1926年金城逝世後，金開藩另立「湖社」。中國畫學研究會由周肇祥任會長，徐宗浩任副會長。

　　徐宗浩欣賞俞明的畫作，在其《石雪齋詩稿》中收錄了多首爲俞明畫作所撰寫的題畫詩，且俞明的很多畫作都有其題跋。參考褚德彝與徐宗浩的身份，及鑒於此二人與俞明的關係，實在很難斷言孰對孰錯，俞明的卒年又回到了 1935 與 1936 年兩說中。看來要確定俞明的卒年還需要更有力的證據。

首都博物館藏民國京派人物畫簡述

　　所謂北京畫派是以北京地區為中心，具有一定的區域集結性的畫家群體
的總稱。舊京畫壇的人物畫就目前所見到的作品分析，可分為改良派（革新
派）與國粹派（傳統派）〔註1〕。改良派要求以寫實的精神合中西來改良中國
畫；國粹派則堅持傳統筆墨與題材。因此呈現出截然不同的風格。本文在整
理首都博物館藏品的基礎上，系統介紹館藏舊京畫壇「國粹派」人物畫家畫
作，力求使觀者對舊京畫壇人物畫家中的「國粹派」有較為全面的認識。

　　「北平這個城，特別能吸收有學問有技巧的人才。」張恨水在《五月的
北平》一文中滿含深情地寫道，北平這個神聖的地方對全國的文學藝術人才
有著無窮的吸引力，民國時期舊京畫壇既有「生於斯，長於斯」的本地畫家，
更多的是南方籍的來京畫家。此時的北平畫壇可謂「兼容並包」的黃金時期。

　　1912 年中華民國的建立，標誌著一個新時代的來臨。從時間上來看，民
國時期只有短短的 37 年，但是這時期卻是中西繪畫競爭激烈，國畫發生劇烈
變化的時代。

　　現將首都博物館藏民國京派人物畫家畫作進行介紹：

〔註1〕薛永年先生在《民國初期北京畫壇傳統派的再認識》一文中提出當時的中國
　　　　畫呈現兩種走向：一種是引西潤中，即引進西方的藝術觀念和方法，以融合
　　　　中西或謂折衷中西的方式改造舊有的中國畫。另一種是借古開今，即保持本
　　　　土文化的立場，以借鑒晚近失落的傳統精華之途徑更新舊有的中國畫。前者
　　　　被稱為革新派、融合派或折衷派，後者被稱為國粹派、傳統派或保守派，今
　　　　年更有人稱前者為開拓派，後者為延續派。薛永年：《民國初期北京畫壇傳統
　　　　派的再認識》，《美術觀察》2002 年第 4 期，46 頁。

　　俞明（1884～1935 年）字滌煩，江蘇吳興人，俞原〔註2〕侄。幼年曾在上海學習水彩畫。屬於我國最早接觸西畫的畫家之一。因叔父俞原的關係，俞明於滬上結識了褚德彝、吳昌碩、金城等人。在其《酣睡圖》中有褚德彝長跋「辛亥予自燕至滬，始晤君於語霜寓中，時年逾二十餘，天資聰俊，好畫人物、仕女。以畫冊見示，知其喜學費子苕、余秋室一派，所作頗爲纖麗，予告以取法乎上僅得乎中，若取資近人必流爲俗媚。君頗然予言。余又示以漢武梁祠畫像石及魏齊遺像拓本，君悉心參考，數月之後見其衣紋古勁與初見時大不同矣。金北樓在內部時管理武英殿所陳書畫，以書屬君北上襄理，見唐宋名畫益多。南趨後，所作駸駸古堂奧。」〔註3〕由褚德彝題跋中可知，俞明人物畫初學余集、費丹旭，後聽從褚德彝建議，從漢魏畫像石中吸收營養，加以融合。除此外，俞明的畫中，還可追尋到對陳洪綬、三任的學習。加之受金城之邀，北上京城，在古物陳列所臨摹了大量前人佳作，從李公麟、錢選等人的作品中吸收營養。由此形成了獨特的人物畫風格。作爲民國時期北京畫壇爲數不多的人物畫家，俞明有其特殊地位。

圖1　俞明《九歌圖卷》（圖1左）　　　　管平湖《採蓮圖屛心》（圖1右）

　　《九歌圖卷》（圖 1 左），紙本手卷，水墨人物。此卷引首由徐宗浩題寫《吳興俞君滌煩爲金北樓先生臨摹龍眠居士九歌圖卷》可見此爲俞滌煩臨摹李公麟《九歌圖》。此局部繪「湘夫人圖」畫中兩仕女立於林中，衣裙飄曳，樹葉飄零，眉目清晰，衣紋分明，一派蕭瑟景象。畫面山石樹木的畫法，可見宋人氣度，但人物造型與宋代人物相比，更加飽滿豐腴，似有唐風遺韻。

〔註2〕　俞原（1874～1922 年），字語霜，號女床山民，浙江湖州人，寓上海賣畫爲生。擅長山水、人物、花卉，追摹道濟作風而有新意。與吳昌碩等人創海上題襟館金石書畫會。

〔註3〕　周刃：《俞明生平及其繪畫》，《收藏家》2005 年第 9 期，46 頁。

全畫無款識，後有徐宗浩〔註4〕長跋「吳興俞君滌煩寫人物妙絕一世，昔時同客京華。每得傑作，輒索題識。此為北樓先生臨李龍眠九歌圖，尤有出藍之能。北樓在日，即屬余題字，因循未果。今北樓歸道山已逾十載，而滌煩亦於乙亥十月仙去。偶一思及，不勝黃爐之感。今年夏初過墨茶閣，潛庵出此卷，重申前請。回思曩日，悟言之樂如在目前。而忽忽二十寒暑矣。歲月不居，陵谷可懼，遂欣然為書贊如右，酬志交誼，工拙不計也。」徐宗浩談到俞明歿於乙亥十月，乙亥為 1935 年。徐宗浩 1935 年到訪金家墨茶閣時，因金潛庵出示此卷，並重申了金城當年的題字之請，因此書寫了長題。同時徐宗浩考證畫作內容，追憶俞明為金城臨摹李公麟《九歌圖》始末（題跋晚於畫作十餘年）。此作有可能為俞明在古物陳列所臨摹古畫期間所作。

管平湖（1897～1967 年），名平，字吉庵（安）、仲康。祖籍江蘇蘇州，出生於北京，晚清著名宮廷畫家管念慈〔註5〕子，管平自幼隨父習畫習琴，1920 年拜金城為師習畫，併入「中國畫學研究會」。1926 年入「湖社畫會」，將原名管平改為管平湖。人物畫得改琦法。

《採蓮圖屏心》（圖 1 右）絹本鏡心，工筆人物。畫面中心波光瀲灩的湖水中，翩然扁舟上，一美貌仕女，斜倚船頭，右手持櫓，左手探入水中。此女頭梳高髻，未戴簪飾，上身內著白色小衫，外纏紅色抹胸，最外罩直領對襟窄袖背子。從背子隱見紅色抹胸、小衫、束腰和長裙。湖面上水光粼粼，開滿淡粉色的蓮花，蓮葉田田，浮萍依依。湖邊幾段漢白玉欄杆，說明所繪不是田野風光，而是私家園林景致。近景處欄杆兩側，湖石林立，湖石邊有各種矮小灌木。在畫面一側幾株柳樹，有正有斜，碧玉細葉妝點柳樹，如萬條綠絲縧，迎風飄擺。中景處是湖心中一點水岸，岸邊密佈葦草。仕女面部用淡墨勾勒輪廓，白粉打底，淡赭石從眉弓下染至臉頰，高低明暗自顯。復用赭石重勾鼻、面、頸輪廓。淡墨逐層染眉、眼。淡紅色點櫻唇，用紅色復勾嘴部線條。髮絲用淡墨細筆撕毛，淡墨罩染。青絲烏黑、蓬鬆。人物衣紋

〔註4〕徐宗浩（1880～1957 年）字養吾，號石雪，原籍武進，久居北京。善畫山水、蘭、竹、松，工篆刻，亦精裝潢字畫碑帖。畫竹尤勝，著有竹譜。書法趙孟頫。1920 年與金城、周肇祥等人組中國畫學研究會，1926 年金城逝世後，金開藩另立「湖社」。中國畫學研究會由周肇祥任會長，徐宗浩任副會長。著《石雪齋詩稿》。

〔註5〕管念慈（？～1909 年）字劭安，江蘇蘇州人。性淡泊，喜橫山泉石花竹之勝，遂家焉，號橫山樵客。工書、畫，初從袁啟潮學。上追宋、元，近規王、惲。山水、人物、花鳥，志合古法。

用濃墨蓴菜描勾勒，小衫、長裙以白色平塗，抹胸以紅色平塗。外罩之薄紗背子，淡青色分染衣紋轉折凹面，白粉薄染，使內著衣物依稀可見。染後以白色延濃墨線條復勾，以白色細線勾勒背子上團花圖案。襯景湖石灌木以大青綠畫法，勾皴點染。柳樹、蓮花、浮萍以沒骨畫法。全圖襯景以以青綠色爲主調，自然襯托出畫心中以白、紅爲主調的人物。畫面佈局疏密有致，人物景致安排匠心獨具，技法多樣，安排得宜，寓妍秀於華麗。畫作署款「戊寅（1938 年）十月，古吳吉廠管平畫。」鈐「吉安」朱文印，「管平」白文印。

圖2　徐操《美人圖》（圖2左）　　　關松房《貢桑諾爾布像》（圖2右）

　　徐操（1899～1961年），原名存昭，18歲前後更名為「操」，同時取字「燕孫」〔註6〕。祖籍河北省深縣徐家灣，出生於北京。中學畢業後，進入北洋政

─────────────

〔註6〕徐操18歲前後因觀看了京劇《戰宛城》，聯繫平時讀的曹操詩文，欽佩曹操

府總統府庶務司文牘課充任辦事員，後升課員。在總統府任職時由於徐世昌好畫，而被引進「中國畫學研究會」。此期間徐操繼續學習，入中央法政專門學校攻讀法律。1922 年徐世昌下野，徐操亦隨之去職。從法政專門學校肄業後，曾於步軍統領衙門任統計科、天津警備司第一師師部短暫任職。20 世紀 30 年代走上了職業畫家的道路。徐操在其《自傳》中敘述學藝經歷「我從事繪畫，始於家庭專館念書時代，一直到中學始終未嘗放棄，但亦未嘗精修。在總統府任職時期，因爲徐世昌好畫被引進（中國畫學研究會）……繪畫的基礎正是這一時期自行愛重而有所奠定的。其原因第一是特殊的機會，當時由於環境的方便，使我把遜清宮內收藏的珍迹借將出來，親摹手炙不少。第二是畫學會的鼓勵加強了我自修的進步。」〔註7〕作爲 20 世紀重要的人物畫家，徐操的人物畫有白描、淡彩、重彩多種面貌。徐操曾任京華美專教授、國立北平大學藝術學院講師、北京中國畫研究會副主席、中國美術家協會創作委員會中國畫副組長、民族美術研究所研究員，北京文聯理事。1956 年參與籌建北京中國畫院工作。1957 年任北京畫院副院長，同年被打成「右派」，1961 年病故。

《美人圖》（圖 2 左）紙本立軸，淡彩設色仕女。繪水邊垂柳、芭蕉樹下，湖石之邊，觀池水中荷花的兩名仕女。畫面中心一著粉衣裙仕女，雙手後背，轉項低頭觀看荷花。另一名似爲婢女，身形與粉衣仕女稍矮，手持團扇，也在伸頸觀賞荷花。人物衣紋用蘭葉描，面部用細筆鐵線描。仕女姿態曼妙，身姿豐滿，沒有清末仕女的病態孱弱之態。款署「思靖先生雅屬。霜紅樓燕孫甫徐操。」鈐「燕孫」、「徐操」朱文印。

關松房（1901～1982 年）滿族正白旗人，生於北京。原名枯雅爾・恩棣，字雅雲，植耘，號翕齋，筆名松房、夕庵、夕庵主人。

《貢桑諾爾布像》（圖 2 右）紙本立軸，人物畫作，兼工帶寫。圖繪貢桑

的文韜武略，更名爲徐操，同時爲了紀念自己的祖父徐宴臣，因「宴」、「燕」相通，取字「燕孫」。

〔註 7〕徐操《自傳》轉引自薛永年：《豪情彩筆話霜紅——徐燕孫及其藝術》，《中國書畫》2003 年第 11 期，第 53 頁。關於徐操的學藝經歷，厲南溪在《霜紅樓畫勝》中說「以余所知，君畫初無師承，惟髫齡即專好弄筆畫小人小馬，刻意揣摩，必曲盡其神態而後已。稍長，復縱觀名迹，潛會於心。」由此可見，徐操自由喜歡繪畫，並無師承，在 1920 年成爲「中國畫學研究會」的第一批會員後，一方面得以臨摹學習清宮舊藏的歷代名迹，另一方面接受了「中國畫學研究會」評議的系統指導，加之自身努力，終成 20 世紀重要的人物畫家。

諾爾布坐於樹下石上，身著便服，頭戴草帽，手拿書卷。人物肖像面部以淡墨皴擦出明暗和結構，比例準確，造型生動，黑眼球上留以高光。顯示作者的造型能力和西畫基礎。頭頂的草帽透視準確。人物衣紋用折蘆描。手部與面部相比，刻畫較爲概念化，不符合手部造型的基本原理。這似乎是這一時期某些人物畫家的通病。樹木以短條皴、山石以斧劈皴，皴擦出質感。畫面各處隨類賦彩，設色淡雅。署款「恩棣謹繪。」鈐「恩棣之印」白文印。「翁齋」朱文印。畫上有沈寶熙長題「『蕭然松下坐盤陀，五十年華鬢未皤。身外無邊好風月，眼中不改舊山河。佳賓解作鮮卑語，壯士能爲敕勒歌。詩卷酒杯良自得，陸沉此世意云何。』夔盦賢王玉照。沈墈寶熙書。」鈐「熙」白文印，「沈盦」朱文印。孫桐長題「『謖謖清飆不世情，深衣獨坐擁書城。高寒（刪）閒未異陶家徑，更爲春醪一舉觥。松石韋郎寄古歡，軼群那得竝東丹，請開十尺鵝溪絹，自寫龍沙六月寒。』夔盦主人命題。丙寅四月夏，孫桐。」鈐「孫桐」朱文印。

貢桑諾爾布，生於 1871，卒於 1930，按照沈寶熙畫中所題「五十年華」，此作是貢桑諾爾布五十歲時的「玉照」，推算應繪於 1921 年，此時關松房剛滿二十歲。按記載「他 16 歲開始習畫，走的是從臨摹入手的路子。並且由於家庭關係，他早年深得陳寶琛、朱益藩、袁勵準、寶熙等清廷舊臣遺老們的賞識，並有機會通過他們將大內珍藏的名畫眞迹借回家臨摹。」〔註8〕學畫 4 年後，所作的人物山水畫，人物面部生動，特點鮮明，但是與面部的寫實刻畫相比，手部的描繪差強人意。樹石的塑造和描繪，安排略顯生硬。

〔註8〕 王明明：《關松房的藝術道路及啓示》，《中國文化報》2005 年 6 月 14 日。

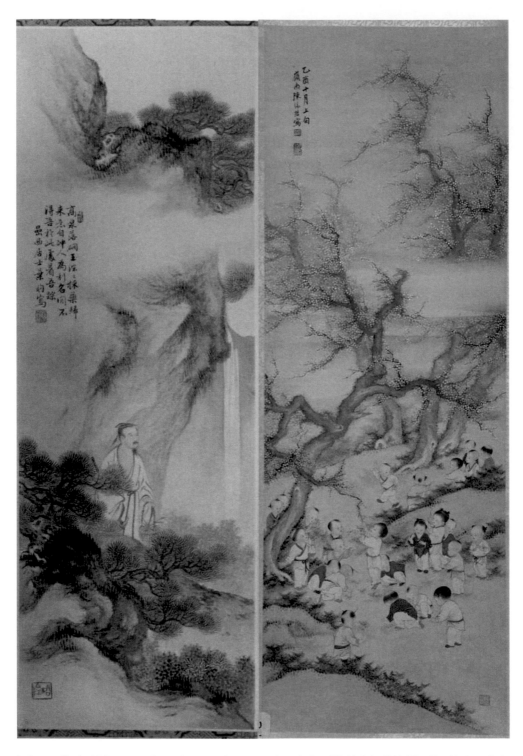

圖3　葉昀所作《各家山水屏》之一（圖 3 左）　陳緣督《嬰戲圖》（圖 3 右）

葉昀（1901～1983）字仰曦，號松蔭、錐道人。滿族葉赫那拉氏。崑曲藝術家、書畫家，我國現當代著名的滿族畫家。幼從溥侗「研習崑曲、京十番樂演奏、書法和繪畫」。〔註9〕29歲時參加中國畫學研究會。人物畫以線描見長，山水師法劉松年、藍瑛，筆墨酣暢灑脫。

葉昀所作《各家山水屏》之一（圖3左）圖繪林中採藥高士，松樹造型特點似劉松年，筆墨略微簡擴蒼厚，近處坡石以濕筆勾勒輪廓，短條皴、和略有變體的小斧劈塑造質感，背景高山以濕筆淡墨勾勒，乾筆長條皴，山石全部以豎筆點苔。近景處，採藥高士，著白色長衫，手提藥籃。人物面部、手部以細筆鐵線描勾勒，衣紋用蓴菜描。上題「高泉落磵玉淙淙，採藥歸來意自沖。人為利名閒不得，吾於此處著吾蹤。嵒西居士葉昀寫。」鈐「葉昀長壽」朱文印。畫面一角鈐「松蔭」朱文印。

陳緣督（1902～1967年）原名陳煦，字緣督，號梅湖。廣東梅縣人。自幼習畫，1917年來京，初在粉刷裝潢店工作，暇餘習畫。後師從金城學畫，得金城賞識。1923年入中國畫學研究會。1927年協助金開藩組湖社，為副總幹事與評議員。1932年第一任羅馬駐華宗座代表剛恒毅〔註10〕主教在北平宗座代表公署為陳緣督付洗〔註11〕。曾任教於京華美術專科學校、輔仁大學、國立北平藝專。解放後執教於中央工藝美術學院。陳緣督精於工筆人物、鞍馬，兼善水墨寫意。新中國成立後，致力於現實主義題材的繪畫創作。

《湖社月刊》刊載《陳梅湖仕女》作品，後附作者簡介「嶺南陳緣督，名煦，字梅湖，擅藝術，凡詩詞音樂靡不通曉，而以畫獨絕，故夫子北樓金先生賞識之，拔與眾人之中，遂為入室弟子，造詣之速殊於常人，此幅乃仿閔正卡之作之原本足以亂真，金夫子在日亦為首可，故登之湖光創刊，以供同好為。陳君與余為至交，每談先夫子知遇之情及其未竟之志，相對唏噓，

〔註9〕 學昀：《北京崑曲研習社舉辦癸未迎春曲會紀念著名京劇崑曲家葉仰曦先生百年誕辰》，《戲曲藝術》2003年2期，127頁。

〔註10〕 剛恒毅（1876～1958年），本名Celso Benigno Luigi Cardinal Costantini，字高偉，意大利人。中國天主教歷史上著名的人物，第一任羅馬天主教宗座駐華代表。曾向其父學習雕刻藝術，具有極高的藝術修養。

〔註11〕 1929年，剛恒毅主教在北京飯店舉辦的一個小型畫展上見到陳緣督的作品，印象深刻。遂請他到駐華宗座代表府邸，將道明會畫家昂哲利高的作品和中文聖經給他看，和他談論聖經故事，並詢問以中國畫方法表達基督教題材的可能性。陳緣督領會了基督教教義，創作了許多基督教題材作品，成為中國畫家聖藝繪畫的肇端，影響波及亞洲及其它地區。

余深佩其知恩感德，較之時下之流，受殊恩，一旦得意，即掉首而不顧者，霄壤哉。緣督緣督，誠肝膽之士也。斌卿識。」〔註12〕

《嬰戲圖》（圖3右）紙本立軸，工筆人物。繪林中遊戲的童子。在春花盛開的林中，樹木參天，花朵繁密，滿樹的花朵以青綠色暈染背景，白粉圓點花朵，樹木參天，中間以雲氣間隔，林間眾童子嬉戲玩耍，姿態多樣，樣貌無邪，天真爛漫。署款「乙酉（1945年）十月上旬，嶺南陳緣督寫。」鈐「緣督」白文印，「養目齋」朱文印。陳緣督人物畫，從鄉村俚景到嬰戲，不論是人物刻畫，還是布景造境，樹石塑造都體現了對宋代民俗題材人物畫的學習。

〔註12〕湖社：《湖社月刊》第一至十冊（影印版），天津古籍出版社2005年版，總84頁。

圖4　劉淩滄《富貴壽考圖》（圖4左）　　　吳光宇　《仕女圖》（圖4右）

　　劉淩滄（1907～1989 年），原名恩湛，號淩滄，筆名諦聽。1921 年隨民間畫工李東園學藝，學徒期間隨師傅到北平，參與了古代建築壁畫的修復工作〔註 13〕。經過刻苦的學習，劉淩滄練就了過硬的本領，熟知民間畫工的口

訣。為了改變境遇，繼續深造，劉凌滄再次赴京，拜文人畫鳥畫家楊冠如為師。1926 入中國畫學研究會，從徐操、管平湖學習。1927 年任《藝林旬刊》、《藝林月刊》編輯，開始鬻畫生涯。1929 年應宋慶齡之託，繪《孫中山先生奉安行列圖》巨作。其精於人物、肖像，偶作山水、花鳥。人物畫以工筆見長，且多取材於傳統。曾擔任中國畫學研究會評議、北平藝專講師、京華美術學院教授等職。解放後，從天津調到中央美術學院工作。著有《唐代人物畫》、《中國古代人物畫聚英》、《中國工筆重彩人物畫技法》等書。

《富貴壽考圖》（圖 4 左）紙本立軸，工筆人物。繪山崖瀑布邊，郭子儀目視空中，雙手抱拳施禮，身後的白馬低頭似要踱到溪水邊飲水，白馬後是一名老兵，一手持杖，一手搭涼棚，也在目視空中。在郭子儀等一行的上方空中，祥雲繚繞，織女坐輦與眾女仙高立雲端，衣袂飄揚，目光下視，與站在古松下的郭子儀一行形成了呼應。畫面構圖飽滿，一株古松橫立於畫面一側，淡墨畫松幹，勾松鱗，濃墨畫松針，點節疤，淡赭色染松幹，畫青色染松針。山石用濃淡墨勾勒，斧劈皴、長短條皴畫出山體岩石的質感。人物面部用淡墨鐵線描勾勒，赭色暈染高低，衣紋用釘頭鼠尾描、蘭葉描，人物衣褶所用線條遒勁圓韌，如行雲流水一般。馬匹用淡墨勾勒，赭墨暈染，及畫出花紋，白粉細筆批毛，骨肉勻停，體態矯健。全圖工謹細緻，設色淡雅。署款「冠翁夫子大人喆嗣，公強仁兄壽禮。受業劉恩湛謹繪。」鈐「澤源」朱文印、「劉恩湛印」白文印。

吳光宇（1908～1970 年）原名顯曾，字光宇，以字行。吳熙曾之弟。浙江紹興人。幼喜繪畫，1926 年入北京中國畫學研究會，師從徐操。曾任教於北平國立藝術專科學校京華美術學院。解放後入北京畫院工作。擅人物畫，工寫結合，個人風格雄麗灑脫、剛健婀娜。曾與其兄吳鏡汀在北京等地舉辦聯合畫展。

《仕女圖》（圖 4 右）紙本立軸，兼工帶寫，繪仕女戲嬰。此作值得注意的有兩點，一是仕女開臉方式，二是襯景中水墨樹冠的畫法。吳光宇人物的開臉方式與其師徐操不同，而與女人物畫家王叔暉相似。面部淡墨勾勒五官，

中南海，在北海萬佛樓工作。我的主要任務是磨顏色，打下手。每天中午為幾個師傅運送飯菜，三十多斤重，返往七八里，累得汗流浹背。白天上架子幹活，晚上，沒有桌子，就趴在地上學畫，一畫就是大半夜。人困了，揉揉眼睛，再畫。轉引自：薛永年：《桃李不言 下自成蹊——劉凌滄先生的為人與治藝》，《中國書畫》2009 年第 11 期，第 23 頁。

用朱膘打底，從眉弓下染至臉頰，額頭、筆子、下頦用白粉加朱膘薄染。赭石重勾鼻、眉、臉輪廓。淡墨逐層染眉、眼。吳光宇與王叔暉爲遠親，「王家有個遠親叫吳光宇，那年剛剛 20 歲（吳日後成了繪畫大家），與畫界人士熟悉，由他介紹，王叔暉進了中國畫學研究會學習繪畫。」〔註14〕同爲人物畫家，又是親戚，進行藝術切磋交流是自然而然的。但吳、王二人的人物畫風格顯然是不同的，吳兼工帶寫，用筆迅疾瀟灑；王工筆重彩，筆法謹致細膩。襯景中樹木樹冠的畫法，以淡青灰色和濃淡墨點寫，即有筆法，又具有西畫中水彩的效果。但是畫面中也有不足，與仕女嬉鬧的嬰孩，面部不合解剖、透視法則，顯示了畫家此方面的不足。署款「辛巳（1941 年）六月，山陰光宇吳顯曾寫於素盦。」鈐「光宇」朱文印，「顯曾」白文印。

圖5　王叔暉《觀音卅二相卷》（圖5左）　　黃均《山水人物圖》（圖5右）

王叔暉（1912～1985 年），字鬱芬，原籍浙江紹興，生於天津，定居北京。自幼酷愛繪畫，15 歲入中國畫學研究會，從吳鏡汀、吳光宇習人物、花鳥畫。解放後曾在人民出版委員會、人民美術出版社工作。

《觀音卅二相卷》（圖5左）絹本手卷，繪觀音大士三十二應身相。畫面未繪背景，純以人物本身來體現主題。三十二應身寬額廣頤，體態端莊，衣紋線條外柔內剛，細勁流暢，富於節奏韻律感。此卷雖是臨作，但人物的開臉方式，和髮絲到面部的暈染方法，均已具有王叔暉成熟期人物畫特色。署款「蓉江周禧〔註15〕十五歲摹觀音大士三十二相。庚午（1930 年）八月紹興王叔暉重摹，時年十九謹並記。」鈐「王叔暉」朱文印。

黃均（1914～2011 年）字懋忱，祖籍臺灣淡水，生於北京。1928 年入中國畫學研究會，從劉凌滄、陳少梅、徐燕孫學畫。畢業後被評爲該會的助教。

〔註14〕李寧：《閨香筆墨秀美人 獨具一格立畫壇──女畫家王叔暉的傳奇人生》，《收藏界》2011 年第 3 期，第 97～98 頁。

〔註15〕周禧（1624～約 1705 年），又作周淑禧，號江上女子，江蘇江陰人。自幼習書畫，善佛像、鞍馬。

主攻工筆人物，兼善花鳥、山水、界畫。曾任北平國立藝專講師，解放後任中央美術學院教授。著有《仕女畫研究》、《中國畫技法人物部》等書。

《山水人物圖》（圖5右）紙本立軸，工筆人物。繪山道臺階上踏雪尋梅仕女，畫面一側是山石峭壁，沿山體有臺階，臺階一側有翠竹、青松，臺階另一側有淩寒白梅。拾階而下兩名仕女，一主一僕，前行女子，內著皮衣，袖口、衣擺皮毛出鋒。顯示主人身份尊貴，外罩紅色斗篷，頭梳高髻，戴勒子，著石青色風帽。一手下垂，一手托腮，似在欣賞雪景。身後一名婢女，上著蘭衣，下著白裙，梳高髻，戴勒子，雙手捧一石青色膽式花瓶，內插一枝白梅。兩仕女身姿顧盼，體態曼妙。主僕二人中，紅藍色調的貴婦爲全畫的畫眼，婢女捧持的瓶梅，點出畫面「踏雪尋梅」的主題。山石以濃墨勾勒，短條皴，赭墨暈染。翠竹以墨筆雙鈎，青松以墨寫松針，綠色暈染，爲表現雪後松、竹，部分留白，並用白粉暈染。梅花以墨筆雙鈎、皴擦樹幹，赭石暈染梅枝底面。梅花雙鈎，白粉罩染。署款「戊寅（1938年）冬至後，寫奉曉滄老伯大人誨正。侄黃均」鈐「黃均」朱文印。

國粹派的人物畫多以古裝爲主，延續著前人程序、畫法和題材。以俞明、徐操、葉仰曦、劉凌滄、陳緣督、吳光宇、黃均、王叔暉等爲代表。但是並不是所有畫家都無視現實，陳師曾的《北京風俗畫》，即是以類似民俗畫的簡練筆墨，描繪普通市民的生活。傳統題材的人物畫講究開臉，很多微妙的人物關係、身份象徵、心理活動都是通過面部刻畫表現出來，較少寫實、激烈的動態。如金城在《畫學講義》中談到「人物最難於開臉，蓋貧富窮通精神志趣，自將相隱逸，至於輿基皁隸，無不於臉上分之。」〔註16〕而所描繪的對象，多爲古代典故、民俗故事等傳統題材。除傳統題材外，帶有寫生性質的人物肖像畫，則繼承波臣派〔註17〕寫像方法，較少動態激烈的人物形象，多爲靜態山水中的隱士形象。前文介紹的關松房的《貢桑諾爾布像》，人物面部刻畫眞實準確，但是細觀其手部，刻畫粗糙、比例失衡，而且這樣模式的肖像畫還是較爲普遍的現象。當然「國粹派」不是墨守成規，也在求新求變，

〔註16〕 金城：《畫學講義》，湖社：《湖社月刊》第五八冊（影印版），天津古籍出版社2005年版，總939頁。

〔註17〕 波臣派：明代人物畫流派之一。創始人爲曾鯨（1564～1647年）。因創始人曾鯨，字波臣，故將該畫派稱作「波臣派」。他們以畫人物爲主，肖像畫的風格，獨步藝林，名揚大江南北。「波臣派」借鑒西畫，強調了中國畫筆墨特點，以墨線和墨暈爲骨創造畫面凹凸、結構，發展出具有中國氣派的肖像畫。

很多畫家除汲取傳統精華更新舊有的中國畫以外,還在謀求借鑒西法,湖社畫會中也有畫家進行寫生,注重西方畫學知識的學習,如《湖社月刊》五十八冊《畫界瑣聞》中刊登「王少行、隱湖,近在協和醫院,專畫各種骨殖。」〔註18〕說明對人物畫基礎的解剖等科學原理的實踐。可見「國粹派」與「改良派」並不是壁壘分明的。

　　非常遺憾,首都博物館僅收藏有此時期的「國粹派」的部分人物畫作,陳師曾繼承宋代風俗畫傳統,描繪北平人民生活狀態的舊京風俗畫,未有收藏。蔣兆和、徐悲鴻等「改良派」的人物畫作更是館藏的缺項。蔣兆和採取「中國紙筆墨,而施以西畫之技巧」的彩墨畫、徐悲鴻的人物寫生畫作都是民國京派繪畫的重要組成部分。只有補充完整上述作品,才能瞭解舊京人物畫壇的整體面貌。

〔註18〕 湖社:《畫界瑣聞》,《湖社月刊》五八冊(影印版),天津古籍出版社 2005 年版,總 954 頁。